贾飞 著

人类群星闪耀

先秦诸子篇

陕西新华出版

太白文艺出版社·西安

图书在版编目（CIP）数据

人类群星闪耀 / 贾飞著. -- 西安：太白文艺出版
社，2023.10
ISBN 978-7-5513-2441-0

Ⅰ．①人… Ⅱ．①贾… Ⅲ．①历史人物-生平事迹-
中国-古代-通俗读物 Ⅳ．① K820.2-49

中国国家版本馆 CIP 数据核字（2023）第 182394 号

人类群星闪耀：先秦诸子篇
RENLEI QUNXING SHANYAO：XIANQIN ZHUZI PIAN

作　　者	贾　飞
责任编辑	曹　甜　杨钦一
封面设计	WONDERLAND Book design 仙通 QQ:344581934
内文插图	沐　夏
版式设计	黄　婷
出版发行	太白文艺出版社
经　　销	新华书店
印　　刷	运河（唐山）印务有限公司
开　　本	880mm×1230mm　1/32
字　　数	103 千字
印　　张	6
版　　次	2023 年 10 月第 1 版
印　　次	2023 年 10 月第 1 次印刷
书　　号	ISBN 978-7-5513-2441-0
定　　价	68.00 元

目录

第一章

儒家

　　儒家，先秦诸子百家之一，其创始人是孔子，后经孟子发扬光大，主要讲的是儒家代表人物的思想，也被人称为"孔孟之道"。儒家思想，不仅影响了中国几千年，而且影响了中国周边很多国家，如东亚和东南亚地区许多国家的文化传统思想也是以儒学体系为主要构成。儒学思想以仁、恕、诚、孝为核心价值观，注重一个人的品德修养，强调"仁"与"礼"相辅相成，重视五伦与家族伦理，提倡教化和仁政，抨击暴政，力图重建礼乐秩序、移风易俗，富于入世理想与人文主义精神。代表人物有孔子、孟子、荀子、董仲舒、程颐、朱熹、陆九渊、王守仁。

孔子

※

生而为学的千古圣人

　　曾有那么一段时间，在我眼中孔子是一个想当大官的人。在鲁国短暂从政之后，孔子开始颠沛流离，每到一处都想获得当地权贵的赏识，希冀施展自己的才华，以实现自己的抱负，但往往事与愿违。

　　再后来，我渐渐觉得，自己对孔圣人产生了不小的误解，也没有给予他足够的尊重。因为，对于孔子这个人，只有仔细了解了他波澜壮阔的一生，领略了他的远大信仰，才能真正发现其可贵且崇高的品质。

基因强大，童年悲苦多艰

公元前 551 年九月二十八日的一个晚上，在鲁国陬邑（今山东曲阜市），诞生了一个小男孩。这个小男孩就是孔子，出生时与其他人并没有什么太大的区别，除了哭喊时声音大一点，再也找不到其他什么特别之处。如果真要说有什么不一样，那就是孔子的母亲颜徵在，生下他时才刚满十六岁，而孔子的父亲叔梁纥已经七十岁了。二人年龄相差这么大，却意外有了孔子，老来得子，也算一个意外之喜。

虽然年龄悬殊，但叔梁纥和颜徵在却有真挚的感情。据《孔子家语》记载，颜家有三个女儿，最小的一个叫徵在。颜氏问三个女儿："陬邑大夫叔梁纥，虽其父、祖为卿上，但他是先圣王裔。此人身长十尺，武力绝伦，我很喜欢他。岁数尽管有点大，性情有些严厉，但这些都不是什么问题。你们三个谁愿意做他的妻子呢？"两个大女儿都默不作声，只有小女儿徵在上前回答说："一切听从父亲的安排，父亲不用再问了。"父亲听出了话中的含意，说："你能行。"于是就将小女儿颜徵在嫁给了叔梁纥。

从这一点看，小女儿颜徵在是心甘情愿嫁给叔梁纥的。孔子就在这样一个背景下出生了。

综上所述，孔子的基因很强大。首先，他是贵族后裔，先祖是宋国人孔防叔，而宋国的首位国君则是商纣王之兄——殷商名臣微子启。微子启死后，其弟微仲即位，是孔子的十四世祖。孔子六世祖孔父嘉在宫廷内乱中被华督所杀，其子木金父为避难逃到鲁国邹邑，从此以后木金父以其父亲的字为姓，称为孔氏。木金父生子祈父，祈父生子孔防叔，防叔生了伯夏，伯夏生了叔梁纥。其次，孔子的父亲叔梁纥是陬邑大夫，母亲颜徵在年轻貌美。这与一般的布衣家庭不一样，从遗传学角度看，良好的基因决定了一个人的智商高。孔子的聪明，也就不用奇怪了。

尽管遗传了父亲聪明的基因，但是孔子童年却很悲苦。在他三岁那年，父亲叔梁纥就生病去世了，母亲颜徵在孔家没有了依靠，为孩子的长远考虑，她离家出走到了鲁国的都城曲阜。

因为没有经济来源，颜徵在带着年幼的孔子，只能给人家打零工维持生计，所以孔子童年的生活很清贫。

名师指点，学业精进有成

虽然日子过得特别窘迫，但是颜徵在却十分重视孔子的教育问题。她想到的第一个人便是自己的表哥冉夫子。于是，冉夫子成了孔子的第一个老师。

聪明可爱的孔子特别懂事，在冉夫子的教导下，从小就是"三好儿童""优秀学生干部"，学习那是相当刻苦认真。即使童年的伙伴喊他去给人当吹鼓手，赚取一些干肉吃，他也不为所动，一刻都不肯耽搁学习。

因为好学，孔子的知识就比一般的孩子掌握得要丰富，见识也不一样。十五岁那年，孔子就说了一句话——"吾十有五而志于学"，大概意思就是：我现在十五岁了，但我知道应该立志求学，通过知识改变命运。这一点很像现在的有些学子，他们从小就拼命地读书，心中只有一个目标，就是"考上重点大学，改变自己的命运"。智商很高的孔子，当然也意识到只有学习做人与做事的本领，长大了才能有大出息。

冉夫子的才华毕竟有限，能够教给孔子的知识都教了，他认为孔子应该找更好的老师去学习。经过反复商量，冉夫子和颜徵在决定请当时的文坛大咖左太史教导孔子。可是，左太史有一个不成文的原则，就是不教布衣。这一点，孔子也是吃过亏，受过羞辱的。当时，掌控鲁国朝政的豪族季氏，宴请士一级贵族，孔子于是也屁颠屁颠地赶去赴宴，谁知刚走进季氏家门口，就被下人给撵了出来，其中一个名叫阳虎绌的人还阴阳怪气地讽刺道："你娃儿硬是不懂事哦，我们季老爷宴请的可是士人，根本就没有请你这个布衣吹鼓手。"孔子听完这话悲愤交加，又自觉难堪，便转身走了。

因为孔子的家境贫寒，左太史最开始是不愿意教孔子的。但后来，冉夫子多次求情，又加上孔子和他母亲颜徵在到左太史家门口，等了整整一天一夜，左太史被其诚意打动，最终收下了这个弟子。

自此以后，孔子在左太史的指点下，学业有了显著的提高，才名也传扬了出去。再后来，孔子又先后拜访老子、师襄、苌弘等请教学问。名师的指点给孔子后来著书立说打下了良好的基础。

经济支撑，开办"孔氏培训学校"

孔子十七岁那年，三十多岁的颜徵在得病去世，孔子成了孤儿。这时，他一度失去了经济支撑，生活极其困难。

但令人意外的是，他同父异母的哥哥站了出来。这个人名叫孟皮，是孔子父亲的第二个老婆所生。孟皮生下来时，腿部就有残疾，童年也受到了不小的歧视。后来，叔梁纥去世后，孟皮继承了家产，还从孔子母亲颜徵在那里，要去了叔梁纥送给孔子的一把能证明贵族身份的宝剑。

颜徵在去世后，孔子艰难的日子被孟皮知道了，于是他便开始接济孔子，每隔一段时间，都会带一些财物给孔子。再后来，孟皮为了支持孔子的学业，不遗余力花巨资为孔子讨了一门婚事，办了士人阶层才能举行的盛大婚礼。这一年是公元前533年，十九岁的孔子，娶了宋人亓官氏之女为妻。

孔子为此十分感动，孟皮却说："弟弟，哥哥我是一个残疾人，也没有什么前途。你以后是要干大事的，将钱用来给你办婚礼，是哥哥心甘情愿的。"

对于孟皮对自己的支持，孔子记在心里。他学习更刻苦了，同时还办起了培训班，在鲁国开办的私人培训学校中提倡"有教无类"，无论什么身份只要虚心前来求学，就可以得到孔子的亲自教授。于是孔子开始教授学徒赚取一些生活开支。没想到学校的生意很兴隆，很快就有不少学生前来读书，孔子也因此收了不少学费。于是，家里经济条件顿时就宽裕了。

有了钱后，孔子便接触到鲁国的一些高层，其中一些权贵子弟还成了孔子的学生。当孔子的老婆亓氏生下一个胖嘟嘟的儿子时，鲁国的国君还派人送去一条鲤鱼表示祝贺。为了表达感激之情，孔子深思后，便给儿子起名叫鲤，字伯鱼。

随着孔子的名气越来越大，二十一岁那年，他就被季氏家族聘请，担任了委吏这样的小官，管理仓库。仓库保管员没干多久，领导见这小伙子勤勤恳恳，表现不错，又让其担任乘田，管理畜牧——相当于现在的县农业农村局局长。当然，孔子还是有自知之明，明白仕途不可能一步登天。因此，在他成大名后才会常说："正因为年轻时家里穷，我才会当一些小官，这是很正常的事！"

受到赏识，孔子开始走入仕途

因为经济基础雄厚，孔子又常常结交权贵，他的声名甚至传到了其他诸侯国。这不，齐国的国君景公与丞相晏婴来鲁国访问，两人便慕名要求会见孔子。见面时，齐景公在客厅问了孔子关于秦穆公何以称霸的问题，孔子不卑不亢地回答说，第一，秦国虽然小，但是志向大；第二，地方虽然偏僻，但是国家的政策正确得当；第三，不问人才出身，重用贤能之士。这三样秦国都做得很好。齐景公听了后，对孔子很是赞赏，甚至想要聘请孔子到齐国去当官。但是，鲁国自然不会轻易放人才离开，孔子也想留在鲁国，于是便委婉地拒绝了齐景公的邀请。

终于机会来了，鲁定公九年（前 501 年），五十一岁的孔子被鲁国国君任命为中都宰（地方官）。孔子对此次机会倍感珍惜，在治理中都（今汶上县）时勤勤恳恳、兢兢业业、起早贪黑。通过一年的努力，孔子将中都治理得井井有条，政绩十分显著，他或许也因此获得了类似"全国优秀基层领导干部"的光荣称号。五十二岁，孔子因为政绩突出，由中都宰升为司空。五十三岁，鲁定公十一年，孔子正式担任鲁大司寇，并在全国进行改革，鲁国由此大治。

五十六岁，孔子由大司寇理国相职务，开始掌秉朝政，并诛杀了鲁大夫乱政者少正卯。孔子参与国政三个月，贩卖猪羊的商人就不敢漫天要价了；男女行人都分开走路；掉在路上的东西也没人捡走；各地的旅客来到鲁国的城邑，用不着向官员们求情送礼，都能得到满意的照顾，好像回到了家中一样。

齐国听说孔子治理鲁国后，鲁国一片繁荣，秩序特别安定，对此十分嫉妒。许多大臣认为：孔子在鲁国执政，一定会称霸，一旦鲁国称霸，齐国靠它最近，必然会首先被吞并。于是，齐国的大臣便开始商量对策，准备进行破坏。

不久，他们就想了一个主意，从齐国挑选了八十个美貌女子，穿上华丽的衣服，教她们跳《康乐》的舞蹈，再选出一百二十匹身上有花纹的马，一并赠给鲁国国君。鲁国国君接受了这些礼物，整天观赏齐国的美女和骏马，连国家的政事也懒得去管理了。当然，一同玩乐的还有实际掌权者季桓子。季桓子和鲁国国君一起迷恋上了美色，还常常结伴同乐，对于孔子的政论也就不感兴趣了。

孔子是看在眼里，急在心上。他多次对国君和季桓子提出建议，却都没有收到效果，甚至都见不到人。面对国君的贪图享受、不理朝政，孔子万念俱灰，最终无奈地离开了鲁国，开始周游列国。其实，孔子所谓的"周游"二字并不恰当，应该是为了实现政治抱负，赶往其他国家寻找明主罢了。

天才思想，影响千古

离开鲁国后，孔子最先去了卫国，在该地待了十个月后，又往陈国赶去。由于在陈国遭到匡人围困，脱围后孔子又回到了卫国。在卫国没有受到卫灵公重用，孔子又辗转去了曹国、宋国、郑国、蔡国、齐国等，前后历时十四年，虽然得到一些国君的器重，但很少为各国君王重用，还常常遇到危险，跟随他左右的弟子有些也因此走散了。

孔子游走各国的这十四年，总体上过得比较落魄。在政治上，他没有遇到自己所期望的明君，在经济上也没有获得充足的支持，不仅顶着风雨日晒，还常常饿着肚子。但是，没有办法，既然自己从鲁国离开出来奋斗，就一定要做出成绩。离开鲁国的孔子，一边教授门下的学子，一边渴望得到国君的赏识，实现自己的抱负，但是，这时的孔子运气已不如人在鲁国时，在周游列国的历程中，他始终没有得到自己所渴望的一切。岁月催人老，渐渐地，孔子年纪大了，但仕途却毫无进展。

直到鲁哀公十一年（前484年），六十八岁的孔子，拖着疲惫的身躯再次回到了鲁国。但是，鲁国最终还是没有重用孔子。这时的孔子，似乎已经看淡了官场，开始潜心钻研学问。他细细探究夏、商、西周三代的礼仪制度，编定了《书传》的篇次，上起唐尧、虞舜之时，下至秦穆公，依照事情的先后，加以整理编排。同时，孔子还完成了被称为"六艺"的《诗》《书》《礼》《乐》《易》《春秋》的编修，对这些进行了深入的研究。"韦编三绝"这个成语故事，说的就是晚年孔子整理编修古书的事情，孔子为了研读《周易》，把当时的书竹简之间连接的牛皮绳都磨断好几次，可见孔子对《周易》的喜爱以及研读的刻苦、勤奋，和活到老学到老的精神。

晚年，孔子又重新开立了他的培训学校。孔子将自己编修的文章作为"教科书"教育弟子，影响很大，意义深远。据说孔子的弟子大约有三千人，其中能精通礼、乐、射、御、数、术这六种技艺的有七十二人。至于像颜浊邹（又名颜雠由，和子路是同门师弟，还是子路的妻子的哥哥）那样，多方面受到孔子的教诲，却没有正式入籍的弟子就更多了。

据史料记载，孔子教育弟子有四个方面：学问、言行、忠恕、信义。为弟子订四条禁律：不揣测、不武断、不固执、不自以为是。他认为应当特别谨慎处理的是：斋戒、战争、疾病。孔子很少谈到"利"，如果谈到，就与命运、仁德联系起来。另外，孔子还提出了影响深远的观点，那就是"有教无类"。也正是因为这样一个观点，让许多的寒门子弟有了读书求学的机会，最后才真正改变了自己的命运。

鲁哀公十六年（前479年）四月，七十三岁的孔子与世长辞。他身后不仅有三千弟子，还有几千年来人们对他尊崇。这位独步天下的伟大思想家，虽然肉身已去，但他的思想却像天上的北斗熠熠生辉，引领世人不断前行。

正如司马迁所言，"天下君王至于贤人众矣，当时则荣，没则已焉。孔子布衣，传十余世，学者宗之。自天子王侯，中国言六艺者折中于夫子，可谓至圣矣！"意思是说，自古以来，天下的君王也够多的了，当活着的时候都显贵荣耀，可是一死什么也就没有了。而孔子只是一个平民，他的名声和学说却代代相传，读书人奉他为宗师。从天子王侯一直到全国谈六艺的人，都把孔子的学说作为判断的最高准则，可以说孔子是至高无上的圣人。

孟子

※

站在巨人肩膀上的"亚圣"

　　提到孟子以及他的哲学思想，在整个中国古代哲学体系中，有着极高的地位和无与伦比的价值。孔子有弟子三千，弟子又有弟子若干，但真正继承了孔子的学术精髓而又集大成者，古往今来仅有孟子一人。孟子，虽然不是孔子的嫡系弟子，仅仅是孔子的嫡孙子思的弟子的学生，但是他却将儒学发挥到极致，是攀登学术高峰的践行者。因此，孟子是站在巨人肩膀上的天才。

出身贵族，三岁丧父

孟子，出生于公元前 372 年左右，去世于公元前 289 年，活了八十四岁，在春秋战国时期，属于典型的长寿老人，这一点十分难得。在史书介绍中，孟子的父亲名叫孟孙激，字公宜，元延三年（前 10 年）追封邾国公，明嘉靖九年（1530 年）配享启圣祠，称先贤，清雍正元年（1723 年）改祀崇圣祠。这个孟孙激是什么背景呢？原来，他是鲁国孟孙氏的后裔。鲁国的孟孙氏，是鲁国三大贵族之一，掌控着鲁国的政权。后来，孟孙氏的后裔中，有一支迁到了邹国，这就是孟子的祖先。邹国在哪里呢？就是当前的山东省邹城市，与孔子的出生地曲阜相距很近。两位伟大的圣人，可以算得上是老乡。同一方水土，养育同一类人，孟子或许从小就受到了孔子的影响。

虽然出身名门，但孟子一家已经没落了。到他父亲这一代，已没有官职。不仅如此，不幸的是，在孟子三岁那年，父亲孟孙激也去世了。孟子自此没有了父亲的关爱，他的童年可想而知是多么悲苦。这一点，类似于孔子，孔子也是在三岁时父亲去世。正应了孟子的名言："故天将降大任于是人也，必先苦其心志，劳其筋骨，饿其体肤。"

孟母三迁，寻找上佳居住环境

虽然父亲去世早，但孟子却十分幸运，因为他有一位好母亲。他的母亲为了他的学习和成长，花了不少的心思。一位优秀的母亲，对于一个孩子的成才起着至关重要的作用。

孟子的母亲仉氏在失去丈夫后，并没有改嫁，而是专心教育自己的儿子。这就类似于当前的许多单亲家庭，为了培养孩子，常常择名校，并陪读。仉氏对孟子管束甚严，希望有一天孟子能成才为贤。一开始，他们住在城郊的墓地旁。孟子和邻居的小孩一起学着大人跪拜、哭号的样子，玩起办理丧事的游戏。孟子的母亲看到后，就皱起眉头说："不行！物以类聚，人以群分，我不能让孩子住在这里了。"于是，仉氏就带着孟子搬到闹市中居住，房子挨着一个大商场。然而，还没有住多久，孟子就又和邻居家的小孩学起商人做生意吆喝的样子。仉氏又感叹道："真是看什么，学什么。这个地方，也不适合我的孩子居住！"仉氏又带着孟子搬到了杀猪宰羊的地方居住。然而，这一次孟子竟然学起了买卖和屠宰猪羊。

仉氏知道后，十分郁闷，她又皱眉道："还得想法换一个房子。"于是他们又搬家了。这一次，仉氏和孟子搬到了城中的学堂附近。每月夏历初一，当地官员要到文庙行礼跪拜，礼貌相待，孟子见到这些，便潜移默化地记住了，并变得特别有礼貌。仉氏很满意地点着头说："真是环境影响人，这才是我儿子应该住的地方呀！"自那之后，孟子一家就在那里长居了，孟子也受到了良好的教育。孟母三迁，只为给儿子找一个好的学习环境，放到现在一般的家庭也是学不了的。所以说，孟子挺幸福，他有一个好母亲。

言传身教，受到良好的教育

有了良好的居住环境后，仉氏开始对孟子进行系统的教育，也请了名师辅导。孟子的老师具体是谁，史料中没有记载。但是孟子自己做了介绍，那就是孔子的嫡孙子思的弟子。子思写了一本书名叫《中庸》，被称为"四书"之一。子思在儒学体系中也是大咖级的人物。孟子是子思门人的学生，对于儒学进行了系统的学习，打下了良好的基础。

虽然有优秀的老师进行指导，但彼时的孟子仅仅是个少年，也有思想抛锚的时候。最开始，孟子对学习颇有兴趣，也刻苦努力，但时间一长就厌烦了，他经常逃学，在叛逆期时成了一个"问题少年"。其实，这也挺正常。现在的八零后一代，在《古惑仔》系列电影风靡之时，也有许多人开始叛逆，许多人还受到电影中古惑仔人物的影响，甚至走上了犯罪的道路。

仉氏得知孟子厌学、逃学，并做出许多出格的行为后非常生气，本想毒打儿子一顿。但是，她转念又想，或许光靠武力解决不了根本问题。经过深思熟虑，仉氏寻了一个合适的机会，将孟子叫到身边，然后拿起刀，把家里织布机上的经线割断，气愤地说道："你的废学，就像我割断织布机上的线，这布是一丝一线织起来的，现在割断了线，布就无法织成。君子求学是为了成就功名，好学多问才能增加智慧。你经常逃学，怎么能成为有用之才呢？你要是现在不刻苦读书，而是惰于修身养德，今后就无法远离祸患，将来不做强盗，也会沦为厮役！"这一点类似于现在的父母教训贪玩的孩子："你要是不好好学习，将来就要去工地上搬砖。"

仉氏的这一行为，镇住了孟子。孟子也体会到了母亲的良苦用心，用"断织"来警喻"辍学"，在孟子小小的心灵中，留下了既惊且惧的鲜明印象。从此之后，孟子旦夕勤学，终于写出了旷世经典，成为中国历史上首屈一指的儒学大师。

这个事例，不由得使人想起若干年后，大诗人李白"磨杵成针"的典故。即使是大人物，也会有迷惘的时候，但只要迷途知返，坚持勤奋学习，最后都能学有所成。

学有所成，周游列国以求明君

良好的学习环境，名师的悉心指点，仉氏的言传身教，再加上天资聪慧，孟子最终学有所成，成为一代大才。他像孔子一样，办了一个培训班，广招门徒，传道授业解惑。孔子提出了"有教无类"，让寒门子弟和权贵子弟一样得到教育的机会。孟子在教育思想上进行了发展，他提出了"因材施教，循序渐进"的观点。孟子因材施教的教育观，主张教育要根据一个人的天赋高低，采取不同的培养方式。这种教育理念在当时是非常先进的，即使是到了现在也非常有效。

有了才华和名声后，孟子开始带着自己的学生周游列国，"后车数十乘，从者数百人，以传食于诸侯"。《孟子·滕文公下》就介绍说，孟子的队伍浩浩荡荡，以寻找懂才识才的天下明君。

他先后到了齐、宋、魏、鲁、滕等国，与孔子一样，力图将儒家的政治理论和治国理念转化为具体的国家治理主张，并推行于天下，但是运气不好，收效甚微。其中，在齐国时，孟子宣扬他的"仁政无敌"主张，但却很不得志，连齐威王赠送的"兼金一百镒"，他都没有接受，就离开齐国。后来，孟子又去了一次齐国。这次齐宣王对他很礼遇，但他的政治主张依旧没能得到施行。因为，齐宣王想效法齐桓公、晋文公图谋霸业；孟子的政治主张却是效法"先王"，实行"仁政"。他讲的"保民而王""制民之产"的道理，虽然注意到了封建地主阶级的长久利益，但并非"富国强兵"的当务之急，从而被视为"守旧术，不知世务"。于是，两次在齐，孟子都没能受到重视。

到魏国时，孟子已经五十三岁了。魏惠王见到孟子就问："叟，不远千里而来，亦将有以利吾国乎？"叟在古代是对老年人的尊称，从这一点看，惠王也很尊重孟子先生，问的也是如何做才有利于魏国，历史上的魏惠王尊重礼遇人才，但却不重用人才。早期的魏惠王是个励精图治的君王，晚期的魏惠王却变得昏庸起来。孟子之所以见魏惠王，是因为魏惠王"卑礼厚币以招贤者"。孟子满腔热血而来，魏惠王当然很高兴，就是这次两人的见面，为后人留下著名的"利义之辩"，孟子重义，而魏惠王求利，孟子主张先义而后王于天下，魏惠王却想着如何与他国争利，孟子的主张是要休养生息，教化百姓是一个长期的过程，魏惠王求的是短期内如何实现政治野心，穷兵黩武，不管百姓死活。魏国虽然有过辉煌，但后期一日不如一日，开始一蹶不振了。

孟子说："王，何必曰利，亦有仁义而已矣。"惠王对孟子说："晋国，天下莫强焉，叟之所知也。及寡人之身，东败于齐，长子死焉；西丧地于秦七百里；南辱于楚。寡人耻之，愿比死者壹洒之，如之何则可？"孟子接着对惠王讲了一套施仁政于民的办法。之后他说，这样，就是用木棒也可以抗击拥有坚甲利兵的秦楚军队。惠王问的是报复齐、秦、楚的具体办法，孟子回答的却是空泛的道理，自然也没有得到惠王的重视。当然，孟子善辩是出了名的，利义之辩中，孟子纯讲义不讲利也是不对的，魏惠王与孟子的观念显然是不同的，所谓道不同不相为谋。两人最后不欢而散，孟子只得又离开了魏国。

之后，孟子到了宋国、滕国、鲁国等地游历，他的政治学说依然没能受到当权者的重视，孟子很无奈，但也没有办法，也不由得感叹时运不济。

退而隐居，著书立说以传后世

到了晚年，孟子回到故乡，从事教育和著述。他说"得天下英才而教育之"是最快乐的事。他在家乡与万章等人整理《经》《书经》，阐发孔子的思想学说，并写成《孟子》一书。这一点，孟子倒是继承和发扬了孔子的传统，二人都是学说无法施行，就退而求其次著书立说，以求不朽于万世。

《孟子》这本书的主要思想就是：仁、义、善。在书中，我们能够看出几个典型的论点：一、在人性方面，主张性善论。以为人生来就具备仁、义、礼、智四种品德。人可以通过内省去保持和扩充它，否则将会丧失这些善的品质。因而他要求人们重视内省的作用。二、在社会政治观点方面，孟子突出仁政、王道的理论。仁政就是对人民"省刑罚，薄税敛"。"暴其民甚，则以身弑国亡"，夏、商、周三代得天下因为仁，由于不仁而失天下。三、强调发展农业，体恤民众，关注民生，他在《寡人之于国也》中说："七十者衣帛食肉，黎民不饥不寒，然而不王者，未之有也。"四、提出"民贵君轻"的主张，认为君主必须重视人民："诸侯之宝三，土地、人民、政事。"君主如有大过，臣下则谏之，如谏而不听可以易其位。五、在价值观方面，他强调舍生取义："生，亦我所欲也；义，亦我所欲也。二者不可得兼，舍生而取义者也。"强调要以"礼义"来约束自己的一言一行，不能因为优越的物质条件而放弃礼义："万钟则不辩礼义而受之，万钟于我何加焉！"

《孟子》一书的写成，最终奠定了孟子在中国历史上的地位，也让孟子成了自孔子之后，儒家学说的集大成者，因此后世尊称孟子为"亚圣"。孟子之所以被称为"亚圣"，绝不仅仅是某一方面的原因。他与孔子太相似了，都是三岁时父亲早逝，由母亲养大，从小请教了名师，并得到了良好的教育。有了学识之后，他们都办学传授知识，跟随的弟子成百上千。然后，他们又周游列国阐述自己的政治主张，依然没有得到重视。于是到了晚年，他们潜心著书立说，从而名扬后世。两个人的经历，似乎像是一个剧本写出来的，只是时间上相隔了一百多年而已。或许，这就是儒家的大幸，儒家思想也因他们二人而广传于世，照耀千古。

第二章

法家

　　法家，诸子百家之一，在《汉书·艺文志》中被列为"九流"之一，是中国历史上提倡以"法治"为核心思想的重要学派，以富国强兵为己任。法家成熟很晚，但形成很早，最早可追溯于夏商时期的理官，成熟在战国时期。春秋、战国亦称之为"刑名之学"，经过管仲、子产、李悝、吴起、商鞅、慎到、申不害、乐毅、剧辛等人的大力弘扬，逐渐形成一个学派。战国末期，韩非对他们的学说加以总结、综合，集法家之大成。法家代表人物是李悝、商鞅、申不害、韩非、李斯。

商
鞅

※

中国变法的奠基者和导师

　　在中国历史上，提到变法和改革，成功者鲜有，失败者居多。即使变法成功之人，其本人的命运，也是多灾多难。譬如吴起、伍子胥、商鞅等。而商鞅，则是中国变法历史上的开拓者和敢为天下先者，也是变法一派的导师。那么，他的命运到底如何？其中又经历了怎样的波折，不妨随着历史的星光，去细细探究一下。

出身贵族世家，居住帝王圣地

一般提到一个人，都会先了解他的出身和居住地。商鞅也不例外，据《史记·商君列传》载："商君者，卫之诸庶孽公子也。""庶"，与"嫡"相对，非正妻所生之子。这句话的大概意思就是商鞅是卫国国君姬妾生的公子。这样的出身，其实是挺不错的。而《资治通鉴·周纪·商鞅变法》也记载："公孙鞅，卫之庶孙也。"因此，商鞅为卫国国君之妾所生，基因十分高贵。

再谈居住地，商鞅在卫国的国都帝丘出生。商鞅出生的那一年，是公元前390年。这个帝丘是什么地方，就是今天河南省黄县境内。帝丘，风水好，出过许多名人，譬如魏徵就是其中之一。魏徵这个人，大家都十分熟悉。他是隋唐政治家、思想家、文学家和史学家，因直言进谏，辅佐唐太宗共同创建"贞观之治"的大业，被后人称为"一代名相"。魏徵死后，李世民经常对身边的侍臣说："以铜为镜，可以正衣冠。以史为镜，可以知兴替。以人为镜，可以见得失。魏徵则是寡人的一面镜子。"

除了魏徵之外，还有两个人出生在黄县。他们就是古代"三皇五帝"中第二帝高阳氏颛顼、第三帝高辛氏帝喾。颛顼帝喾陵位于内黄县梁庄镇，俗称"二帝陵"。颛顼、帝喾前承炎黄，后启尧舜，开创和发展了灿烂的华夏文明，改革和继承了传统祭祀文化，奠定和丰富了姓氏文化，是中国姓氏寻根文化研究界公认的数百家姓氏的起源，对中华民族的形成和延续起着重要的作用，被尊为"华夏人文始祖"。颛顼帝喾陵是颇具代表性的历史文化遗迹，被誉为中华祭祀文化和姓氏文化的发源地、华夏寻根祭祖圣地。

商鞅出生在贵族世家，又居住在二帝圣地，自然受到了不一样的环境和氛围的熏陶，从而受到了良好的教育。他年轻时就特别喜欢刑名法术之学，受李悝、吴起的影响很大，据说他后来投奔秦国时就携带着李悝所撰的《法经》。

既不重用臣子，又何加害良人

商鞅年轻时，到了魏国。他遇到了人生中第一个贵人，就是魏相公叔痤。因为欣赏商鞅的才华，国相收留了他，并举荐商鞅任中庶子。在春秋战国时期，中庶子是国君、太子、相国的侍从官。商鞅担任中庶子是公叔痤举荐的，想必也就是国相的副手。这样一个职位，对于一般人来说，也挺不错的。从级别上看，估计也相当于部级领导了。但是，商鞅从内心深处是不满意的。他想做的是建立经天纬地的大功业，但毕竟自己的恩师公叔痤还在位，他还未到大展宏图的时候。

但是，机会还是来了。国相公叔痤病重，人之将死，他向魏惠王郑重推荐了自己的门生商鞅，说："商鞅这个人才华横溢，志向远大，我认为可以担任国相，治理我们魏国，请君上一定重视。"听了公叔痤的话，魏惠王并没多大兴趣。见魏王如此，公叔痤又继续说："如果君上不打算重用商鞅，那就一定要杀掉他，不要让他投奔到别国去。"魏惠王认为公叔痤已经病入膏肓，语无伦次，思路不清晰。另外对商鞅，他也并不了解，也从未听说过商鞅有如此贤才，对公叔痤的建议都没有采纳。

当魏惠王走后，公叔痤又面见了商鞅。他对商鞅说："我已经向君上推荐了你做魏国的丞相，但是，他并没有采纳我的建议。因此，你还是赶快离开魏国吧。因为，我也建议君上，如果不用你，就把你杀掉。"

听了公叔痤的话后，商鞅说："魏惠王既然没有采纳恩公用我的推荐，他也一定不会采纳杀我的建议。所以，我并没有危险。"商鞅当时并没有马上离开魏国，而是留了下来，等待机会。

魏国发展无望，转而投奔大秦

在魏国又待了一段时间，商鞅还是没能得到魏惠王的重用。他觉得这么耗下去不是办法，所谓"良禽择木而栖，贤臣择主而事"，既然在魏国等不到机会，何不去他国找一找呢。

在春秋战国时期，学子们各奔东西，寻找良主，也是比较正常的事。在一棵树上吊死，不是明智之举。于是，商鞅开始筹划，到底去哪一个诸侯国是他的最佳选择呢，一时还拿不定主意。

正在这时，秦孝公继位，他以恢复霸业为己任，在国内颁布了著名的求贤令，命国人、大臣献富国强兵之策。得到这一好消息，商鞅像吃了兴奋剂一样，立马收拾行李，投奔秦国而去。

当然，每一个优秀的人才，背后都有一个引荐者。范雎就是秦国特使王稽带到咸阳，并推荐给秦昭襄王的。"战神"白起也是通过穰侯魏冉保举而成了将军。而商鞅也不例外，在魏国时，相国公叔痤引荐了他。在秦国时，秦孝公的宠臣景监引荐了商鞅，并让他见到了秦孝公。

通过引荐，商鞅见了秦孝公，但效果并不理想。第一次，商鞅大谈帝道之术，秦孝公听得昏昏欲睡。商鞅讲完后，秦孝公才睁开眼睛，对商鞅讲的根本没有兴趣。交谈之后，秦孝公通过景监指责商鞅是个狂妄之徒，不可任用。第二次，也就是五日后，商鞅再次会见秦孝公，他用王道之术游说，孝公依然感觉很乏味，也不能接受，就再次通过景监责备商鞅。第三次，商鞅似乎摸清了孝公的心思，他开始用霸道之术游说，终于获得了孝公的肯定。但是，秦孝公没有马上表态，而商鞅此时已完全领会了孝公的意图。最后一次，商鞅与孝公见面时，他畅谈了富国强兵之策，孝公听时十分入迷，膝盖不知不觉向商鞅挪动，二人交谈数日，毫无倦意。

景监不得其解，向商鞅询问缘由。商鞅说秦孝公意在争霸天下，所以对耗时太长，才能取得成效的帝道、王道学说不感兴趣，只有富国强兵称霸一方之策，才中孝公的意。因此，我是"对症下药"。

积极变法图强，秦国异军突起

在得到秦孝公认可后，商鞅开始了自己的变法运动。但是，要想变法，必先立信。

首先，商鞅叫人在都城的南门竖起一根三丈高的木头，下令说："谁能把这根木头从南门扛到北门，就赏十金。"

看热闹的人很多，却没有一个人行动，大家都以为这是左庶长商鞅跟大家开玩笑的。商鞅认为，秦国老百姓一直觉得秦国素无重赏，这次下的命令并不令人信服。见老百姓没有反应，于是商鞅就把赏金提高到五十金。"重赏之下，必有勇夫"，这时人群中有一个人跑出来，说："即使不能得五十金，但至少会有赏赐，干脆我来试试。"于是，这个人便真的把木头扛起来，一直扛到北门。商鞅立刻派人传出话来，赏给扛木头的人五十金，一分也没少。这件事立即传开，一下子轰动了秦国。老百姓说："左庶长令出必行，一言九鼎。"

见舆论形成，商鞅第二日就颁布了新法。大概有如下几条：一、定都咸阳；二、推行县制；三、辟土定赋；四、奖励耕战；五、实行连坐，等等。商鞅的变法运动得罪了权贵阶级，遭到了极大的反对。当时闹得最凶的有两个人，就是旧贵族的代表甘龙和杜挚。他们认为："利不百，不变法；功不十，不易器。""法古无过，循礼无邪。"商鞅则辩驳道："前世不同教，何古之法？帝王不相复，何礼之循？""治世不一道，便国不法古。汤、武之王也，不循古而兴；殷夏之灭也，不易礼而亡。"从而主张"当时而立法，因事而制礼"。这是以历史进化的新思想，驳斥了旧贵族所谓"法古""循礼"的复古主张，为实行变法做了舆论准备。甘龙和杜挚也因为私议新法，被贬为庶人。

除了甘龙、杜挚等人反对新法被惩罚之外，当时的太子嬴驷也因言变法之非，而连累了自己的老师，太傅公子虔被劓鼻，太师公孙贾被黥面。

　　国人看到这种现象，纷纷谈论道："连太子犯法，都受到了严厉的惩罚，更何况普通的老百姓呢？"于是，新法得以顺利实施，秦国很快实现了富强，出现了"道不拾遗，国无盗贼，仓廪充足，勇于公战，而不敢私斗"的局面，一时天下莫比，崛起于列国之间。可以说这次变法奠定了秦朝统一六国的基础。

孝公伯乐去世，商君车裂以徇

　　中国历史上的改革家或变法家，都是因为有了"伯乐"，才有了施展大才的机会，商鞅也不例外。当伯乐秦孝公去世后，商鞅的末日也就渐渐来了。新即位的秦惠王就是当年违法被商鞅严惩的太子。太子的两个师傅，不仅被贬为庶人，公子虔还被割了鼻子，可想而知商鞅得罪了不可得罪的主儿。新的权贵登上历史舞台，商鞅也该谢幕了。

　　秦惠王主政之后，他的师傅公子虔等人立即状告商鞅谋反。欲加之罪，何患无辞！秦惠王正好借此机会，立即派人捉拿商鞅。商鞅逃到了函谷关下的客舍，准备在店里住一晚。但当时的酒店老板并不知道他是商鞅，便要求商鞅提供相关证明材料——如果酒店老板在客人不提供证明的情况下而让其住店将被连坐。商鞅因为自己的变法措施而没有住上店，他万般感叹："嗟乎，为法之弊不过于此呀。"

随后，商鞅又逃到了魏国等地，但由于他树敌太多，没有哪一个国家愿意收留他。无奈之下，他又返回到了秦国自己的封地商邑。秦王发兵打败了商鞅，并将其车裂，灭其全家。

写下《史记》的作者司马迁曾经评价商鞅："天子刻薄，少恩也！"是呀，商鞅因为性格的原因，在秦国实行变法，得罪了太多人。虽然实行的改革措施最终让秦国富强，但是，他也作茧自缚，最终也因自己推行的变法而身死，不禁令人唏嘘。就像小说里写的有些为君王修墓的石工，修成之后却一并被永久地封在墓室里，再也见不到天日了。"功高盖主，引来杀身之祸""一朝天子，一朝臣"的故事，不断在历史中上演并重复着。

韩非子

※

为法家而生，却因法家而死

在中国历史上，提到法家思想，除了变法成功的商鞅外，就不得不提到另外一个大咖，这个人虽在变革实践上比不上雷厉风行的商鞅，但在理论造诣上，却远远超越了商鞅等法家人物。他就是"为法家而生，却因法家而死"的天才公子哥儿韩非子。

他是个"公子哥儿"，却干了作家的活

韩非子出生于公元前 280 年，韩国都城新郑（今河南省新郑市）人。他的家境很好，他家既不是平民老百姓之家，也不是商贾人家，而是韩国的贵族。在战国时期，平民老百姓要么认认真真耕种干活，要么安心从军去战场杀敌获取爵位。而商贾之家就得拉着骡子赶着马儿，四海为家做些小本买卖。贵族公子韩非子并不像他们活得这样累。一般情况下，贵族公子要么安逸享乐游山玩水，要么在家里为了权位互相争斗。而韩非子也不像这类人，他是比较爱学习的那一类。那么，韩非子向谁学习呢？他的老师到底是谁？司马迁的《史记》就特别做了交代，说韩非子是荀子的学生。

俗话说，"名师出高徒"。有荀子这样的优秀老师，当然也极有可能会出天才学生，这样的概率是很高的。比如鬼谷子就培养了孙膑、庞涓、苏秦、张仪等天才学生。荀子也不例外，韩非子、李斯就是他的得意高徒。韩非子也不负众望，学习相当刻苦，没过几年就学业有成顺利出师了。

韩非子经过冥思苦想，挑灯夜战，终于写出了一本优秀的跨世纪的法学著作《韩非子》。这书一经面世，就顿时"洛阳纸贵"，读者万千。

嬴政看后拍案叫绝，要与公子哥儿"同游"

《韩非子》这本书主要内容有《孤愤》《五蠹》《说难》《内外储》《说林》等，一共四十四篇，计十万余言。如果要给他的书写一个评语，我想可以这样评价："文章构思精巧，描写大胆，于平实中见奇妙，具有警策世人的艺术效果。同时，善于用大量通俗易懂的寓言故事和丰富的历史知识作为论据，来说明抽象的道理，形象地体现他对社会人生的深刻认识。"不过，笔者又似乎觉得上述评论太浅显了，《韩非子》的重要价值远不止如此，因为在韩非子的著作中，还提到了"改革富强、依法治国、中央集权、君权神授、唯物主义、辩证法"等一系列观点，这可是上升到政治与哲学的层面了，因此才有不少学者将其评价为"集法家之大成的旷世奇书"。

总之，这是一本好书是毋庸置疑的。当时，韩非子写下这本书后，除了广受大众好评外，就连威仪天下的始皇嬴政也是赞赏有加。《史记》载："秦王见《孤愤》《五蠹》之书，曰：'嗟乎，寡人得见此人与之游，死不恨矣！'"这一句话很有意思，大意就是：始皇说，我要是能同这个作者结伴出游讨论学问，哪怕死了也是值得的。当然，话是有些夸张，但足以反映当时秦王对《韩非子》一书的重视。

有了想见韩非子的想法后，秦王嬴政立马就开始行动了。为了这个难得的奇才，他立即下令出兵攻打韩国。韩国无奈，只得派遣韩非子出使秦国，商谈外交之事。

才高八斗被人妒，同学李斯下毒手

于是乎，这位公子哥儿便到了秦国。秦王当然很是喜欢，每天热情招待他，并打算重用。最开始，韩非子还是有些不情愿的，有些史料说，韩非子很爱国，不愿意被秦王所用。也有一些史料说韩非子其实自己愿意到秦国，比如冯梦龙的《东周列国志》就说韩非子是在韩国不受重用，才自告奋勇去秦国。当然，这些并不重要，重要的是韩非子到了秦国，秦王很开心，准备择机任用他，但由于韩非子的贵族身份，心里还是有些不放心。

当时的李斯是看在眼里，急在心上。他深知自己的才华比不上韩非子，怕韩非子侍奉秦王后，自己会失宠，于是想方设法阻挡这一切。当时，秦王迟迟下不定主意重用韩非子，很大程度可能就是李斯从中捣鬼。身为韩国公子的韩非子，从内心深处希望既能为秦王效力，又能使自己的祖国不被灭掉（韩非子主张存韩灭赵），这自然与李斯提出首先消灭韩赵魏的主张有冲突，两人的政见相左，又因为私人原因，李斯就向秦王讲了许多韩非子的坏话。大概内容就是："韩非子是韩王的同族，是贵族身份，大王要消灭各国，韩非子爱韩不爱秦，这是人之常情。如果大王决定不用韩非子，把他放走，对我们不利，不如把他杀掉。"秦王觉得有一定道理，在古代君王中，很多都抱有"我自己不能用，别人也别想用"的观点。于是，秦王接受了李斯的建议，把韩非子抓了起来并投入监狱。

在牢里的韩非子还想活命，便上书给嬴政陈诉，但这时，狱卒们早已被李斯买通了，韩非子的信根本到不了秦王手里。韩非子无望之下，服毒自杀了，一代天才就这么烟消云散了，年仅四十七岁。后来秦王后悔了，立即派人去赦免韩非，但韩非早已死去多时。世界上已经没有后悔药可吃了。

人虽化为黄土，但思想却永流传

因为嫉妒韩非子的才能，李斯将其害死在秦国。但是，李斯并不傻，他知道《韩非子》这本书是个好东西，也知道韩非子的法家思想是良药，因此在以后辅佐秦王的过程中，对法家思想他是极力推崇，并进行了充分运用，帮助秦国富国强兵，最终统一了六国。

不仅是秦国，后世的许多国家也都借鉴了韩非子的理论。因为，在韩非子的著作中提到了许多实用的东西，比如"变法图强"观点，就是韩非子思想中的一大重要内容。他继承了商鞅"治世不一道，便国不法古"的思想传统，提出"不期修古，不法常可"，主张"世异则事异""事异则备变"（《五蠹》）。再比如"中央集权"，韩非子在国家政体方面主张建立统一的中央集权的封建专制国家，并将"法""术""势"三者有机结合，为封建专制服务。再比如"三纲"，虽然儒家孔子提倡"君君、臣臣、父父、子子"和孟子的"父子有亲，君臣有义，夫妇有别"，但都不如韩非子讲得明确。《韩非子·忠孝篇》说："臣事君，子事父，妻事夫，三者顺则天下治，三者逆则天下乱，此天下之常道也。"韩非子把臣、子、妻对君、父、夫的从属关系做了肯定，这就有了"三纲"的基本内容。

关于韩非子的思想精华，不少学者均提出了自己独到的见解。但笔者个人认为，韩非子的思想为何受封建统治者推崇，最核心的原因就是韩非子首次提出了将"重法""重势""重术"三者紧密结合的先进思想。法是指健全法制；势指的是君主的权势，君主要独掌军政大权，防止臣子犯上作乱，维护君主地位；术是指的驾驭群臣、掌握政权、推行法令的策略和手段。这对后世影响十分深远。

第三章

道家

　　道家思想是以"道"为核心,认为"大道无为",主张"道法自然",提出"道生法、以雌守雄、刚柔并济"等政治、经济、治国、军事策略,具有朴素的辩证法思想,又被人称为"黄老之学""老庄思想"。"黄"是黄帝,"老"指的是老子,"庄"是庄子,也就是以他们的思想为基础的学派。有后人考证先秦时道家并不是一个学派,到了汉代才有记载,也就是说道家的概念是追溯而来的,道家被后人划分为黄老学、老庄学、杨朱学三系,这三系分属于知识型、精神自由型、感性自由型的学问,稷下道家、庄子、杨朱分别为这三种思想类型的代表。

老子

※

走自己的路，让别人去说吧

提到中国的哲学，很多人第一时间想到的是诸子百家。因为，诸子中，对于"家"这一概念，常常是模糊的，或者说是多样的。文学家也好，军事家也好，阴阳家也好，似乎都有一个共同的特征，那就是他们都在不同领域又殊途同归集中到哲学层面，并自成一家各有建树。要说哲学家中，成就最高、研究最深、思维更远的，莫过于老子了。老子可以被美赞为哲学家之上的哲学家。他所著的《道德经》，虽然仅仅只有五千字，但却囊括了宇宙众生和大千世界，不愧为天下奇书中的奇书。那么，老子到底是一个怎样的人呢？他的哲学思想对众生又有何启示？我们不妨随着历史的脉络，去探究一下。

他官至守藏室之史

据《史记》记载，老子这个人真名叫李耳，字聃。聃是什么意思呢？就是年老的意思。他大约于周灵王元年即鲁襄公二年（前571年）出生于陈国的苦县厉乡曲仁里（今河南省鹿邑县）。老子的父母，历史上鲜有记载。有学者认为，老子的父亲是宋国的司马老佐。司马这个职位可不小，属三公九卿之列。当然，春秋战国时，国家比较多，一个小国的大官，其级别和影响力是要打折扣的。当老子出生时，他的父亲司马老佐刚刚在守城战斗中被敌军射死，老子的母亲则忍着悲痛逃出了城。母亲在逃难的过程中，生下了老子。可想而知，老子是大难之时降生的。所谓"否极泰来"，一个极端的坏运气之后，必定会迎来时运的好转。

据史料介绍，老子出生时，体弱而头大，眉宽而耳阔，"目如深渊珠清澈，鼻含双梁中如辙"。因其双耳长大，故起名为"聃"。其出生于庚寅虎年，亲邻们又呼之曰小狸儿，即"小老虎"之意。民间人们把"猫"唤作"狸儿"，音同"李耳"。

久而久之，老聃的小名"狸儿"，便成为大名"李耳"，一代一代传下来了。不过这个传言其实并不可靠，因为司马迁在《史记》中，并未提到老子的父母，也没有任何记载。估计应该是当时已失去了佐证的资料。当然，关于老佐的历史记载，譬如《史记·宋微子世家》和孔颖达《春秋左传正义》等资料中，也未明确老佐就是老子的父亲。因此，老子的父亲是司马老佐，也只是一些学者的猜测。不过，虽然不知道老子的父亲到底是谁，但至少可以肯定老子出生在一个富裕家庭。因为，他从小就得到了良好的教育，并拜了当时精通殷商礼乐的大名士商容为师。这个商容是谁呢？史料是这么介绍的。商容，商末殷纣王时期主掌礼乐的大臣，著名贤者，因为不满纣王的荒唐暴虐，多次进谏而被黜。也有史料称，商容曾经试图用礼乐感化纣王而失败，逃入太行山隐居。周武王灭殷之后，欲封其为三公，他拒辞不受，武王遂表商容之闾以示对忠臣贤者的尊敬。而明代著名的文学家许仲琳撰写的著名神魔小说《封神演义》第九回《九节殿商容死节》中，称商容是殷纣王的首相，敢于直谏，后来为了阻止纣王杀害王子殷郊，竟以死相谏，撞死在九节殿上。

这么重要的一位人物，级别这么高的大臣，如果老子是贫寒人家少年，怎能有机会向他求学呢。即使没有史料可以证明老子的父母是谁，但从老子的老师推测，他家的条件一定不会太差。有了名师教导，再加上老子天资聪颖，勤奋苦学，不到三年，商容就称自己不能再教老子了。后来，纣王灭亡后，老子便到了周朝首都，被朝廷授予博士称号，入了太学，更是为他提供了绝佳的学习环境和平台。这时的老子，在天文、地理、人伦等方面造诣颇深，无所不精，《诗》《书》《易》《历》《礼》《乐》无所不览，文物、典章、史书无所不习。之后，老子又被推荐入守藏室为吏。守藏室，是周朝典籍收藏之所，集天下之文，收天下之书，汗牛充栋。老子身处其中，如蛟龙游入大海，海阔凭龙跃；如雄鹰展翅蓝天，天高任鸟飞。他如饥似渴，博览泛观，通礼乐之源，明道德之旨，终于大有所成，学冠四海，不久又迁任守藏室之史。这个岗位，放在今天大概是什么职位呢？相当于国家图书馆馆长。要知道汉朝的大文学家司马相如，也担任过类似的文化职位——太史令，就是记载历史的。因此，孔子和老子比较起来，老子所获得的学习条件，是更优越的。

他一生只写了一本书

在世界文学史上，写一本书能流传千古的人凤毛麟角。比如《飘》的作者米切尔，因为一部长篇小说而名扬世界。但是这样的例子，仅仅是个例。而老子，却是个例中的个例。在中国的历史上，老子只写了一本书，准确地说，只写了一篇文章，这篇文章五千字。但就是这一篇五千字的《道德经》，却让他成为历史上最伟大的哲学家之一。

当时的情况是这样的。

大约周敬王三十五年（前485年），老子看到周王朝越来越衰败，就离开故土，准备出函谷关，四处云游。当时把守函谷关的长官尹喜很敬佩老子，听说他来到函谷关，非常高兴。可是当他知道老子要出关云游，又觉得很可惜，就想设法留住老子。于是，尹喜就对老子说："先生想出关也可以，但是得留下一部著作。"老子听后，没有拒绝，便在函谷关住了几天。几天后，他交给尹喜一篇五千字左右的文章。据说，这篇文章就是后来传世的《道德经》。写完《道德经》后，老子就骑着青牛离开了。后来的李白，也留下了类似的佳话。当时桃花潭的乡绅汪伦，听闻李白的诗名，也邀请李白住了一段时间。李白在桃花潭村吃了美食，喝了美酒，看了美景，临走时感触良多，便挥笔写了一首《赠汪伦》："李白乘舟将欲行，忽闻岸上踏歌声。桃花潭水深千尺，不及汪伦送我情。"当然，李白的这首诗远远不及老子李耳的《道德经》内涵丰富，而桃花潭的水也更没有千尺之深，但这种相逢和境界，却是值得众人提倡和赞美的。

他是道家的开山祖师

离开函谷关后，相传老子归隐到了景室山，后更名为"老君山"。老子李耳便在这座山上修炼，也收徒教学，其中一名弟子便是杨子。

有一天，老子骑着青牛在郊外看风景，忽然有一个人大呼"先生"。老子定睛一看，原来是自己的弟子杨子。杨子，即阳子居，魏国人，入周太学，闻老子渊博，曾拜老子为师。

老子便问杨子："弟子近来忙于何事？"杨子施礼道："来此购置房产，招聘仆役，整治家规。"老子说："有卧身之地、饮食之处则足矣，何须如此张扬？"杨子道："先生修身，坐需寂静，行需松弛，饮需素清，卧需安宁，非有深宅独户，何以能如此？置深宅独户，不招仆役，不备用具，何以能撑之？招聘仆役，置备用具，不立家规，何以能治之？"老子笑道："大道自然，何须强自静。行无求而自松，饮无奢而自清，卧无欲而自宁。修身何需深宅？腹饥而食，体乏而息，日出而作，日落而寝。居家何须众役？顺自然而无为，则神安体健；背自然而营营，则神乱而体损。"杨子知己浅陋，惭愧道："弟子鄙俗，多谢先生指教。"

除了指点学生，老子主要以修身养性为主。因此他也被道教中人视为太上老君的化身，亦被尊为"道祖""太清道德天尊"。后来，道教将《老子》一书改名为《道德真经》，作为宗教的主要经典。汉代道教中老子乃是神格仅次于西王母的"太上老君"，孔子率众弟子拜见老君遂"得道受书"，不复经受北酆鬼官之考谪，升入仙界。据载，老子"身长九尺，黄色，鸟喙，隆鼻，秀眉长五寸，耳长七寸"。

在很多道观的三清殿中，供奉玉清元始天尊、上清灵宝天尊、太清道德天尊，其中太清道德天尊塑像居元始天尊右位，手执蒲扇，居住在大罗天太清仙境，是道教最高尊神"三清天尊"之一。《犹龙传》载："故老君师太上玉晨大道君焉，大道君即元始天尊之弟子也。"道教标榜老子与《道德经》，乃出于道教本身和三教对抗形势的需要。因为道教的思想理论渊源"杂而多端"，需要像《道德经》中那样的"道"来加以概括。而老子的长生思想以及传说中老子的高寿，与道教修道成仙之旨又相吻合。加之秦汉以后，老子被尊为"圣哲"，受人尊敬，汉初又与黄帝并列，合称"黄老"，地位极高。

他的哲学是晚年的一份慰藉

中国传统文化之中，最重要也最源远流长的哲学思想，便是"儒释道"三家了。儒家自不必说，一个人的奋斗和拼搏，离不开儒学的支撑。"天行健，君子以自强不息。"入世精神，是儒学的精髓。释（佛），更是将人的心灵境界，提到了一种清净无欲的高度。有些事、有些人、有些欲，都需要清空，内心才能更清朗。而道家，则诠释了人生晚年的一种自我慰藉。有时放下，也是一种超越。其实，如果用最简单的几个字来概括，无非就是"拿得起（儒），放得下（道），想得开（佛）"。

老子李耳所著的《道德经》，分上、下两篇，共五千言。上篇起首为"道可道，非常道；名可名，非常名"，故人称《道经》。下篇起首为"上德不德，是以有德；下德不失德，是以无德"，古人称为《德经》，两篇合称《道德经》。《道经》言宇宙本根，含天地变化之机，蕴阴阳变幻之妙；下篇《德经》，言处世之方，含人事进退之术，蕴长生久视之道。

当时，众人得之，如获至宝，终日默诵，如饥似渴。一时，《道德经》成为哲学之中的巅峰之作。然而，笔者却认为，这部著作却有着另外的一层意义。如果将人的一生分成两个阶段。那么，第一阶段则是要用儒学的奋进，来指导自己的青少年时期。而老子的《道德经》则是中晚年的一份慰藉，要想得开，放得下，顺势而为，无欲无求，走自己的路，让别人去说吧。

庄子

※

寒门不仅出贵子，更出天才

在中国古代文人中，几乎绝大多数文学天才都践行着"学成文武艺，货与帝王家"，也都期待着"朝为田舍郎，暮登天子堂"的那一天，即使有那么一些文人在失意时会喊出："安能摧眉折腰事权贵，使我不得开心颜"。酒醒过后，他们又会"仰天大笑出门去，我辈岂是蓬蒿人"。在历史长河中，能始终如一，坚持自己志趣，梦想不受约束，寻求自由之身的文人却不多，比如陶渊明、庄子、严子陵等，而庄子却是古今第一人，同时也最为坦诚，最为真实。

连娶三妻的县城小官吏

公元前369年，春秋大文学家孔子已经死去一百一十年了。这时正是战国时期，在宋国蒙地，也就是今河南省商丘市，诞生了一个名叫庄周的小男孩，当时没人知道这个小男孩以后会是什么人物，仅仅视其为村里一普通婴儿而已。

庄子的父亲是谁，我查阅了许多资料，也没能找出来，只知道他是楚国的贵族之后，其祖上因躲避战乱而逃到了宋国。或许，有史学家可能研究出来了。但是，从庄子后来的学问可以看出，庄子青少年时家里应该不穷。为何呢，因为在古代时，一般的家庭是没有经济能力读书习字的，也不可能会有多么大的学问。孔子之前，也就是春秋时期之前，受教育识字学文是贵族子弟的特权，孔子提出"有教无类"，并大收门徒，才把受教育的权利从贵族扩大到民间。

或许，庄子度过了一段美妙而幸福的少年时期，并成了远近闻名的大才子。他在青春年华时，便娶了一个漂亮的妻子。但是很不幸，没过多久，第一个妻子就去世了。没办法，庄子又娶了一个老婆，姓什么倒没什么资料记载。但是，很不幸，第二个妻子也死了。

在庄子婚后的那段时间，他其实还当过一个小官，"在宋国蒙邑中为吏，主督漆事"。用现在的话说，就是在蒙城县当过科级干部，典型的小公务员，主管漆事。但是，一般基层公务员，其工资收入都不会很高，待遇不算丰厚，基本不算富贵。因此庄子干了没多久，就觉得没自由，便索性辞了职，回家去了。这一点似乎影响了后世的陶渊明，陶诗人当着县令，也因为不如他意，索性辞职回到老家种田，"采菊东篱下，悠然见南山"。

由于没有了工作，并且依旧籍籍无名，庄子没有考虑像孔子那样开培训学校，广收门徒赚钱，因此很长一段时间，庄子其实是很贫穷的。据《庄子》书中的描写，庄子住在穷街陋巷，靠打草鞋维持生活，饿得面黄肌瘦。他身穿打着补丁的衣服，鞋子磨出了洞，用绳子绑在脚上，有人讽刺他是"槁（gǎo）项黄馘（guó）"，就是脖子像干枯的树枝一样，脸是黄黄的，这估计是营养不良造成的。可见，辞去官职后的庄子，其生活是相当贫苦而寒酸的。

"鼓盆而歌"或许只是传说

庄子辞职之后，又遇见了第三个女人——田氏，这个女人是齐国贵族的后代，家里也很有钱。当时，庄子可能是出去散心认识的田氏。当看到青春美貌、身材苗条的田氏时，庄子很是爱慕，而田氏得知庄子是典型的青年才俊，也欣然同意。于是，两个人在得到父母同意后，便喜结连理。

新婚后的夫妻俩，虽然日子穷了点，但还是相亲相爱，格外幸福。日子久了，也难免发生一些争吵，不过并不影响两人之间的感情。但是，某天夫妻俩的一次闲聊，却让庄子心里有了疙瘩。当时，庄子说："妇人水性，丈夫死了之后是必定要急着改嫁的。"田氏却说："未必，我就是能守节的人。"只因为庄子还活着，两人也没分出谁对谁错。但没想到，过了一段时间庄周果然病重，并一命呜呼。田氏哭哭啼啼地守着灵。到了第七天，忽然来了个俊秀少年，自称是楚国王孙，说是以前曾与庄周有约，欲拜在门下，今前来登门求教。见庄子已死，楚王孙不胜惋惜，提出在庄子家暂住百日，一来为老师守孝，二来得以观看老师遗著。田氏见楚王孙一表人才，产生了爱慕之情，一来二去，与他仓促成婚。合卺（jǐn）之时，楚王孙忽然感觉心痛难忍，说是必得要活人脑髓和着热酒吞下方可治愈。平日里犯病，楚王孙总是选一个死囚来取脑髓。眼下无人可取，眼看着就要死去。田氏救王孙心切，听说不出七七四十九天的死人脑髓也可以用，便拿着斧头想劈开棺材，取庄周的脑髓为楚王孙治病。这时，庄周突然复生，田氏羞愧难当，自尽而死。

田氏死后，庄子便把她放入棺材，随即拿起瓦盆当乐器，大声唱起歌来。他的朋友惠子来吊丧，看到庄子的行为，很是不解，生气地说："你妻子和你结婚生活在一起，并陪你生老病死，任劳任怨。她现在不幸死了，你竟然不哭泣不悲伤，还鼓盆而歌，不是很过分吗？"

庄子则解释说："妻子刚去世时，我感到很悲痛。但后来，我认为人的生命就像春秋冬夏四季一样，总有一个变化的过程。既然生命可以从无到有，那么它也会从有到无。把个体生命看作是宇宙漫长演进过程中的一个环节，就不必为之哀伤哭泣了。"

后来有史学家研究说，可能是庄子逼死了自己的老婆。但我觉得，前面的故事仅仅是传说，庄子不可能死了几十天还能复活，他要是真能复活，也就不会死了，说不准还活到现在呢。因此，前面"试妻"的这个故事，应该是文人一厢情愿的杜撰，并不是真实的。而后来的"鼓盆而歌"，可能是由于庄子的哲学思想，影响着他的行为。正如明朝哲学家王阳明一样，因为心中有了哲学，其行为就会与众不同。

三剑智谏惠文王

后来，庄子的名声越来越大，他开始像孔子那样收徒讲学，其名号很快传遍了大江南北。当时，有许多王侯都前来求教于庄子。比如当时的赵国太子悝便召集左右的人说："谁能劝谏赵王停止击剑，解散剑客，我就赏赐给他一千金。"手下人皆异口同声地说："庄子可以。"

太子为何要请人劝谏呢？原来，赵惠文王特别喜爱击剑，王宫内还供养有三千多名剑客，日夜互相搏击，一年到头，剑客死伤的就有一百多人。赵惠文王沉湎于击剑，不理朝政。眼看情况越来越糟，于是，太子便派人去请庄子，并送给他一千两金子。庄子并没有收取金子，但答应使者会帮太子的忙。

某日，庄子穿着剑客的服装，在太子的引荐下拜见赵惠文王。赵惠文王拔出宝剑来等待着庄子，问道："你有什么可以指教我？"庄子说："我听说大王喜欢击剑，所以就以击剑之术面见大王。"

赵惠文王说："你的剑术有什么特殊之处吗？"庄子说："我的剑法，十步以内便可以击倒一人，横行千里无人可以阻挡。"赵惠文王一听，兴趣就来了，高兴地说道："那先生就是天下无敌了。你先去休息，等我的命令，我会让人同你一比高下的。"于是赵惠文王命令选出的剑客持剑侍立于殿下，再派人请来庄子。赵惠文王对庄子说："今天我要看你的剑法如何。"庄子回答说："我已经盼望很久了。"赵惠文王问道："你想用什么样的剑？"庄子说："我长剑、短剑都可以用。我有三种剑，任凭大王选用，请大王先听我陈述，然后再比剑。"赵惠文王说道："好吧！你说说是哪三种剑？"庄子回答说："我的三种剑，乃是天子之剑、诸侯之剑、庶人之剑。"赵惠文王问道："什么是天子之剑？"庄子说："天子剑以燕国的石城为尖锋，以齐国的泰山为刃，以韩魏为剑柄，依凭五行的规律来支配天地。只要用此剑，就可以镇抚诸侯，一统天下，这是天子剑。"赵惠文王听了，迷惑不解，神情呆滞，问道："诸侯之剑是怎么回事？"庄子说："诸侯之剑是以勇士为剑锋，以廉洁之士为剑刃，以贤良之士为剑脊，以忠圣之士为剑环，以豪杰之士为剑柄。此剑也是所向无敌，顺应四时的变化，符合百姓的心愿，只要用此剑，诸侯宾服，天下安定。"赵惠文王听了，若有所思，继续问道："庶人之剑，又是怎么回事？"庄子回答说："庶人之剑是蓬头散发，鬓发上翘，瞪着双眼，互相搏杀。这和斗鸡是没什么区别的，对国家毫无益处。如今，大王拥有天子之位，却偏偏喜好庶人之剑，连我都替大王感到不值。"

听了庄子的话，赵惠文王很惭愧，走下宝座，牵着庄子的手，向庄子表示敬意。庄子对惠文王说："大王请休息吧，关于三种剑的道理我已经陈述完了。"于是，赵惠文王决心改过，从那之后一连三个月都不出宫，专心致志于朝政。

梦的不是蝶而是自由

庄子"三剑智谏赵惠文王"的故事很快传开了，他一时间声名大噪，当时很多王侯将相都觉得庄子是一位了不起的大贤。

庄子有一个老朋友——惠施，在魏惠王身旁当宰相。魏惠王是个野心勃勃的诸侯，网罗了许多贤人作为发展势力的顾问。因此，当庄子要去看惠施时，就有人提醒惠施："庄子一切都比你强，你的宰相恐怕做不成了。"

惠施自知比不上庄子，所以急忙在魏国搜查，想要捉拿庄子。没想到，庄子优哉游哉地自己送上门来了，他对惠施笑道："听说你下令逮捕我？"惠施不好意思地连忙作揖："哪里哪里，我是怕你到了魏国不肯见我。"

庄子其实知道惠施心里有些嫉妒自己，怕自己抢了他的饭碗。因此，他便以猫头鹰和鹓（liáo）鸰（qú）作比喻，称猫头鹰口里衔着臭烂的死老鼠，却以为鹓鸰要抢自己的食物，急得要死，想把鹓鶵赶跑。其实，鹓鶵根本对死老鼠不屑一顾。

惠施听后，觉得庄子不会和自己争夺宰相之位，心情又愉快了，便放心地带庄子去见魏惠王。

宫廷上，魏惠王看到庄子穿了一件全身缝补丁的大褂，趿着没有跟的破鞋，同情地说："先生怎么这样狼狈潦倒？"

庄子抬起头正色说："大王，我是贫穷，但不是狼狈。人有才能却不能实现抱负才是潦倒。您看过猴子吗？当它在大树上面，攀援着树枝活蹦乱跳时，连后羿都射不到它。但当猴子在腐朽的树上活动时，它就会缩着身子，怕得发抖，担心一不小心掉下去。这不是猴子的筋骨出了毛病，而是环境太坏，就像我处在国君臣子上下昏庸的时代里，怎能不狼狈？"

魏惠王被这么抢白一顿，十分气愤，从此便不再见庄子。惠施看到这样的场面，小小地窃喜了一下。庄子无意当官，便提出回故乡，惠子则很欢喜地将其送回了宋国。

没想到，刚回到宋国没多久，楚国的使者来请庄子。庄子当时正在钓鱼，也不理会人家，一个劲儿摆弄鱼饵，慢吞吞地说："听说贵国有只大神龟死了三千年，楚国用锦缎把它包着，供在太庙，每逢国家有要事，便占卜问吉凶。请问神龟是愿意死了被人当国宝，还是想活着拖着尾巴在烂泥里爬行？"楚国使者知道庄子自比神龟，是无意做官，也只能无奈告别。

对此，许多人不明白为什么庄子要放弃自己的前程，拒绝做大官。其实，凭他的本事，想取得富贵易如反掌。那么，庄子到底是为了什么呢？或许，只有"庄周梦蝶"这个故事，才能解释庄子的心境吧。庄子有一天睡觉时，梦见自己变成了蝴蝶，双翼飘举，游历花丛，在花瓣和木叶间大声地笑。醒来之后的庄子如陷浓云：是我做梦变成了蝴蝶呢，还是蝴蝶做梦变成了我？如果是我变成了蝴蝶，为什么我会体会到蝴蝶独有的飞翔之乐？如果蝴蝶做梦变成了我，为什么这一切会出现在我的记忆里？

是的，庄子对功名利禄毫不动心，看不惯逢迎吹拍的人。他所梦的并不仅仅是蝴蝶，而是那自由宽阔的超现实世界。后来，唐朝的大诗人李商隐在失意时，也曾吟过"庄生晓梦迷蝴蝶"，但是"此情可待成追忆，只是当时已惘然。"李商隐终究不是庄子，也没能梦到他那超绝尘寰的世界。

超一流的天才文学家

庄子与孔子一样，都是旷古绝今的伟大哲学家。但是，庄子的心境比孔子更超脱，更豁达，不会被外界环境所影响。他有一种忘我的超脱精神，不会因为没有达到什么目标而沮丧，也不会去埋怨生活的不公。孔子则强调积极的入世态度——"学而优则仕"，一心想实现自己的政治抱负。相比之下，庄子比孔子多了一份自由洒脱。

另外，庄子在哲学上的造诣与孔子不相上下，但是在文学造诣与天赋上却远远高于孔子。为何呢，请看庄子的《逍遥游》。

"北冥有鱼，其名为鲲。鲲之大，不知其几千里也；化而为鸟，其名为鹏。鹏之背，不知其千里也；怒而飞，其翼若垂天之云。是鸟也，海运则将徙于南冥。南冥者，天池也……'鹏之徙于南冥也，水击三千里，抟扶摇而上者九万里'……"

这段话是《庄子》开篇《逍遥游》的首段。读之令人如沐春风，如饮甘醇，顿觉心旷神怡，飘然若仙，欲随鲲鹏扶摇直上九霄。特别是"鹏之徙南冥也，水击三千里，抟扶摇而上者九万里"之后这段更是恣肆狂放，飘逸非常，就连浪漫主义天才诗人李白也自叹不如，大为赞赏。除了《逍遥游》外，庄子的其他文章也毫不逊色，都堪称文学史上的绝佳之作。比如"庖丁解牛"这个典故，短短百余字，就将杀牛匠的屠宰技术写得出神入化，入木三分，令人佩服。

庄子的文学才华不仅得到了大诗人李白的盛赞，同时还受到司马迁、郭象、鲁迅、郭沫若等名家的认同和敬佩。晋郭象《注庄子序》称《庄子》一书为"百家之冠"。鲁迅先生称《庄子》"其文则汪洋辟阖，仪态万方，晚周诸子之作，莫能先也。"郭沫若《今昔集》说："庄子固然是中国有数的哲学家，但也是中国有数的文学家。他思想的超脱精微，文辞的清拔恣肆，实在是古今之神。"

第四章 墨家

  墨家，先秦诸子百家之一，其创始人是墨翟（dí），创立的学派就是墨家学派。该学派是具有团体性质的，他们的领袖为钜子，成员遍布多国，与儒家并称为显学，与名家、数术家等并列为自然科学的学派。墨家学派有前后期之分：前期思想主要涉及社会政治、伦理及认识论问题，关注现世战乱；后期墨家在逻辑学方面有重要贡献，开始向科学研究领域靠拢。墨家的主要思想主张包括兼爱、非攻、尚贤、尚同、节用、明鬼、天志等。代表人物有墨子、禽滑釐、田鸠、孟胜等。

墨 子

※

一个被司马迁忽视的平民哲学家

提到墨子,许多人都耳熟能详,其影响力不亚于春秋战国的任何一位人物,但就是这样一个极具传奇色彩和魅力的大咖,却被我们所推崇的史学大家司马迁给忽视了。在被鲁迅赞誉为"史家之绝唱"的《史记》中,竟然没有给墨家学派的开山鼻祖——墨子单独列传,仅仅在介绍荀子的文章中,轻描淡写地对他提了一下,而所用的笔墨居然只有二十四个字:"盖墨翟,宋之大夫,善守御,为节用,或曰并孔子时,或曰在其后。"多么敷衍的评价呀，一代墨家人物，就这样被忽视了，真是令人遗憾。

虽是贵族，但早已沦落为贫民

如果按照司马迁那样介绍墨子，仅仅只有二十四个字，那么这样的墨子形象也就太简单了，我们也没法深入了解墨子的真实来历，更不可能去细细研究墨子的思想。因此，作为在历史上影响巨大的平民哲学家，墨子到底是一个怎样的人物呢，在一些相关的史料中，可以找到一些线索和佐证。

据《通志·氏族略》《广韵》《六经》等史料介绍，并综合对比分析，墨子极有可能是殷商王室宋国君主宋襄公的哥哥——目夷的后代。目夷生前是宋襄公的大司马，他的后代因一些变故从贵族降为平民，也更改为墨姓。这一点三国时期的刘备有些类似，他也号称是中山靖王之后，但不幸没落成了卖草席的商贩。后来，依靠张飞变卖了家产，才有了人生第一桶金，开始了梦想的征程。自此，刘备打着汉王室的血统和旗号，在乱世中建立了一番事业。

因此，墨子可能就是贵族的后裔，但时运不济，到他祖父辈这一代开始，就沦落为贫民了。年少困窘，家无余财，墨子没能享受到任何贵族的福利和生活，反而多了许多苦难和挫折。

据史料介绍，墨子大约出生在春秋末年周敬王四十年（前480年）。也有史学家认为，他可能出生在周敬王四十四年（前476年）。总之，墨子的出生年代到底是什么时候，无从考证。但这些并没有影响墨子的成就，尽管身处底层，但其学说依旧名扬天下。

那么，墨子的身份到底普通到什么程度呢？从他一生中所从事的职业来看，结果也就一目了然。首先，墨子在少年时代做过牧童，放过牛羊。朱元璋小时候放过牛，最终成了明朝的开国皇帝。陈胜吴广当过囚徒，后来造反称王。墨子放过牛，最后经过努力，成了墨家学派的创始人。墨子还学过木工，据说他制作守城器械的本领，比鲁班还要高明。这一点真没吹牛的成分。当时的情况是这样的。有一次，楚国要攻打宋国，鲁班特地为楚国设计制造了一种云梯，作为攻城的一种辅助器械。那时，墨子正在齐国，得到这个消息后，为阻止战争的爆发，他急忙赶到楚国去劝阻，走了十天十夜，终于到了楚国的郢都。墨子立刻找到鲁班，一同去拜见楚王。墨子竭力说服楚王和鲁班放弃进攻宋国。这就是"墨子救宋"的典故。墨子为了劝阻楚王停止伐宋，费了不少心思，楚王终于还是同意了。但是，他们都舍不得放弃新造的攻城器械——云梯，很想在实战中试试它的威力到底如何。为了满足楚王的想法，墨子便解下衣带，围作城墙，用木片作为武器，让鲁班同他分别代表攻守两方进行模拟表演。鲁班多次使用不同的方法攻城，每次都被墨子挡住了。鲁班攻城的器械已经使尽，而墨子守城的计策却还绰绰有余。鲁班不肯认输，说自己有办法对付墨子，但是不说。墨子说知道鲁班要怎样对付自己，他自己也不说。

楚王听不懂，问墨子是什么意思。墨子便解释说，鲁班是想杀害他。因为，只要鲁班杀了他，就没有人帮宋国守城了。

但是，墨子又说："我的门徒，大约有三百人早已守在城外，只要楚国进攻，他们就会按照我教的方法对付楚国。"楚王认为，即使杀了墨子，也没有取胜的把握，便放弃了攻打宋国的打算，当然也就没有听从鲁班的建议，杀掉墨子。后来，这个故事又演化出一个成语：墨守成规。同时，也佐证了墨子在工艺上的水准，竟然还超过了鲁班。可想而知，墨子不仅是一个哲学家，还是一个木工艺术家。

不满儒学，自创一派成墨家始祖

前面提到，墨子的身份是最底层的贫民。那么，他又是怎么学到如此丰厚的知识，成为一代大家的呢？

原来墨子这个人特别爱拜师学艺，除了向农民、匠人、医生学习，他还拜访天下名士，向他们学习治国之道。正应了孔子的那句话："三人行，必有我师焉。"

墨子是彻彻底底践行了这一原则，不耻下问，转益多师，最终集众家之长。据《淮南子·要略》记载，墨子原为儒门弟子。墨子曾师从于儒者，学习孔子的儒学，称道尧舜禹，学习《诗》《书》《春秋》等儒家典籍。后来，又学了其他学派著作，因不满儒家学说，便另立新说，在各地聚众讲学，以激烈的言辞，抨击儒家和各诸侯国的暴政。大批的手工业者和下层士人开始追随墨子，于是逐步形成了自己的墨家学派，成为儒家的主要反对派。他也常常自许："上无君上之事，下无耕农之难。"因此，墨子尽管是一个没落贵族的后代，但他勤奋好学，最终练就了一身本事，其间还做了宋国的大夫。

宣扬墨家学说，行走茫茫天涯

墨子在宋国做过大夫。但之后，他辞去了这一职务。随着身份地位下降，又近距离接触劳动者，墨子渐渐形成了自己的特质。他的行迹很广，东到齐，北到郑、卫，基本做到了行万里路。他也多次访问楚国，献书给楚惠王。楚惠王打算以书社封墨子，但墨子最终没有接受。后来他又拒绝了楚王赐给他的封地，离开了楚国。越王邀请墨子做官，并许给他五百里的封地。墨子以"听我的劝告，按我讲的道理办事"作为条件前往，而不计较封地与爵禄，目的是实现自己的政治抱负和思想主张，却遭到越王拒绝。墨子晚年来到齐国，企图劝阻项子牛讨伐鲁国，但没有成功。这些经历，也有些类似于孔子和孟子，他们都是周游列国，宣扬自己的学说，又不愿意妥协，最终他们的理论并没有被权贵阶级重视，只能潜心钻研学问、教授学徒。

墨子宣扬仁政，他的学说代表了平民阶级；而当时声势最盛的法家，代表了新兴地主阶级利益。因此，墨家也显得有些不合时宜。然而，在学术界，墨家却赫赫有名，是先秦时期和儒家相对立的最大的一个学派。墨学和儒学并列为"显学"，在当时的百家争鸣中，有"非儒即墨"之称。

桃李天下，墨子学说影响后世

一个人的学说，没有被统治阶级作为治国思想采用，的确是一件遗憾的事，这几乎是春秋战国各大学者共同的一个心病。

墨子也不例外，他没能实现自己的抱负，在政治上一展才华。于是，到了晚年，他也像孔子一样，将主要精力用在了教育上，培养了许多学生。

　　准确地说，墨子是一位优秀的教育家。在人类历史上，他办起了第一个设有文、理、军、工等科的"综合性平民学校"，这个学校培养了大批人才，史称"弟子弥丰充满天下"。墨子的教育思想是"艰苦实践、服从纪律"，并且提出"兴天下之利，除天下之害"的教育目的。譬如他的一个学生耕柱子，聪颖过人，但不知发奋努力，墨子总是责备他。耕柱子说："先生，我真的没有什么比别人强的地方吗？"墨子说："我准备去太行山，乘坐快马或牛，你打算选哪一个呢？"耕柱子很自信地说："我选快马。"墨子追问："你为什么选快马？"耕柱子说："快马值得鞭策。因为它感觉灵敏，鞭打它可以使它跑得更快！"墨子的用意是启发耕柱子，让他努力求学，奋发上进，眼看水到渠成，就对耕柱子说："我也认为你是值得鞭策的。你应该像快马一样力求上进啊！"从此以后耕柱子发奋读书，力求上进，再也不用老师整日督促了。这个故事，也在一定程度上佐证了墨子的教学理念，反映了他的教学成果。

　　除了教授学生，在治国理政方面，墨子还提出了"兼爱""非攻""尚贤""尚同""节用""节葬""非乐"等主张。

他认为，要根据不同国家的不同情况，有针对性地选择十大主张中最适合的方案。如"国家昏乱"，就选用"尚贤""尚同"；国家贫弱，就选用"节用""节葬"等等。"兼以易别"是他社会政治思想的核心，"非攻"是其具体的行动纲领。他认为只要大家"兼相爱，交相利"，社会上就没有强凌弱、贵傲贱、智诈愚，以及各国之间互相攻伐的现象了。他对统治者发动战争带来的祸害以及日常礼俗上的奢侈逸乐，都进行了尖锐的揭露和批判。在用人原则上，墨子主张"任人唯贤"，反对"任人唯亲"，主张"官无常贵，而民无终贱"。他还主张从天子、诸侯到各级正长，都要"选择天下之贤可者"来担任，而天子、诸侯与人民，则都要服从天志。

到了墨子晚年，他的学生遍布天下，儒墨齐名于世。墨子死后，墨家弟子仍"不可胜数"，故战国时期虽有诸子百家，但"儒墨显学"则并列百家之首。再后来，墨家分裂为相里氏之墨、相夫氏之墨、邓陵氏之墨三个学派。但不管是墨家的哪一个学派，都最终将墨子奉为开山祖师爷，墨子的故事也随着他的弟子不断传播，影响着一代又一代的天下之人。正如学者杨向奎评价："墨子在自然学上的成就，绝不低于古希腊的科学家和哲学家，甚至高于他们。他个人的成就，就等于整个希腊。"

第五章 名家

　　名家，诸子百家之一，又称"讼者""辩者""察士""刑名家"，与墨家、数术家等并列为先秦诸子百家中专门研究自然科学的学派，是司马谈《论六家要旨》的六家之一。名家的概念也是汉代追溯而来的。

　　古代名家"辩者"以严谨逻辑思想而闻名。名家在中国开创了逻辑思想探究，包括对思想中最基本的元素"实"与"名"以及各命题关系的诠释，著名的命题包括"历物诸题""辩者诸事"等。代表人物有邓析、公孙龙、宋钘、尹文、惠施、鲁胜、吕才、叶适、傅山、程智等。

公孙龙

※

"白马非马"是一种高级哲学

在中外哲学体系中，哲学家的存在和诞生，是一个伟大的开始和突破。哲学即思想，有了思想的存在，人类才从低等动物中渐渐分离出来，从而陆续开拓了一个又一个新的世界。而哲学家们，则是人与自然中，最为璀璨的星星，他们的光芒，不仅照耀着当下，更启迪着未来。如果说，孔子的"天地君亲师"，将天、地、人的关联问题，用结构学的方式将它们之间的影响具体化了；老子的"道可道，非常道；名可名，非常名"将"道"

和"名"之间的特殊关系非常化了；庄子的"梦蝶"，是将蝴蝶和庄周的虚实梦境诗意化了；苏格拉底的"认识你自己""知识即美德"，是将人和思想统一化了；柏拉图的"天赋在人的灵魂中"解决了人、知识和灵魂三者的复杂关系，使其简单化了；那么我们的公孙龙先生所提出的"白马非马""离坚白"等理论，则是将简单的个体世界辩证化了。因为，公孙龙所提出的辩证问题，具有超前的预示性和包容性，在中外的整个哲学历史体系中，都占据着重要的、不可替代的地位，有着非同一般的意义和贡献。

门客生涯，多次展露超凡才学

公孙龙先生大概出生于公元前320年，逝于公元前250年，活了七十岁，属于长寿的人。他姓公孙，字子秉，又名龙，人称公孙龙。是赵国邯郸（今河北邯郸）人。公孙龙的师父是谁，史料上没有明确的记载，不过他年少时看过不少书籍，拜访过许多老师求学，却是事实，只是因为他极具天赋，自己的成就又超过了很多人，便自成一家，而查无其老师的踪迹了。

据《史记·平原君虞卿列传》记载："平原君厚待公孙龙"。

这个平原君是谁呢，他是战国四公子之一。赵惠文王六年（前293年），封公子赵胜为平原君。平原君和其他公子一样，都喜好收养门客，其中能人辈出，而公孙龙是他的门客之一。在当门客的过程中，公孙龙多次展露自己的才华，也立下了一些奇功。

据《吕氏春秋·应言》记载，公孙龙从赵国带领弟子们到了燕国，是为劝说燕昭王"偃兵"。燕王虽然表示同意，但是公孙龙却又当着燕王的面说："虽然大王您同意偃兵，但是诸侯之士在本朝者，善用兵者众多，因此我又认为大王不会偃兵。"当时，燕昭王听后，双颊发红，无言以对。

《吕氏春秋·审应览》还记载，在赵国时，公孙龙曾与赵惠文王论偃兵。赵王问公孙龙说："寡人事偃兵十余年矣，而不成，兵不可偃乎？"公孙龙则回答说："赵国的蔺、离石两地被秦侵占，王就穿上丧国的服装，缟素布总；东攻齐得城，而王加膳置酒，以示庆祝。这怎能会偃兵？"《吕氏春秋·淫辞》记载，秦国跟赵国订立盟约："秦之所欲为，赵助之；赵之所欲为，秦助之。"过了不久。秦兴兵攻魏，赵欲救魏。秦王使人责备赵惠文王不遵守盟约。赵王将这件事告诉平原君。公孙龙给平原君出主意说，赵可以派遣使者去责备秦王说，秦不帮助赵国救魏，也是违背盟约。平原君听了后，觉得公孙龙说得有道理，对他也更加看重。

论辩争雄，"白马非马"名垂千秋

公孙龙的才学与名声在诸侯国传遍后，许多名家大咖便来拜访请教，有的甚至要摆擂台与他一争高下，其中最为有名的就是关于马的哲学争辩。也是这一次争论，奠定了公孙龙哲学名家的学术地位。

据说，当时赵国曾一度流行传染病，导致大批的战马死亡。当时，各国都采取了不同的措施来防止这次瘟疫的蔓延。当然，那个时候还没有什么疫苗，也没什么特效药。他们只有采取最原始的办法，也是最为有效的办法。一种是禁止本国的马运往外地。说得简单一点就是针对单种货物的"封城"或者"封国"。另一种是禁止赵国的马运输到本国。这样的目的是为防止交叉感染。当时的秦国也不例外，为阻止瘟疫传入秦国，秦国特地在函谷关贴出告示，严禁赵国的马入关，不管是白马，还是黑马、黄马。

有了这样一个前提，也就引出了公孙龙的第一个哲学论点——白马非马。

当时，学术家公孙龙骑着一匹白马要进关。秦国的关吏说，你人可以进去，但马不能进。公孙龙于是就和关吏开始辩论了。

公孙龙说："白马不是马，怎么不可以过关呢？"

关吏听了莫名其妙，问："白马怎么不是马呢？"

公孙龙说："'白马'这个概念，分开来就是'白'和'马'。'白'和'马'，是两个不同的概念。如果说我要马，给我黄马、黑马等等都可以。但如果我要白马，给我黄马、黑马等就不对了。这就证明，'白马'和'马'不是一回事，所以说'白马非马'"。

听到这里，一般人无论如何也接受不了公孙龙的诡辩。

但尽管这样，却很难辩驳。当时的关吏一时无言。虽然，他也知道公孙龙的论点肯定是错的，但又找不到准确的辩词去反驳，导致双方僵持了下来。

其实，公孙龙的辩词原话是这样的："马者，所以命形也；白者所以命色也。命色者非命形也。故曰：白马非马。"这就是公孙龙的辩词和论据。

公孙龙是夸大了这种差别，把个性与共性完全割裂开来，并加以绝对化，以求达到否认个性，只承认共性，使共性脱离个性而存在的目的。这无疑是把抽象的概念当成脱离具体事物的精神实体，陷入了客观唯心主义。其实，这也就是哲学上所称的偷换概念。正如惠子和庄子当年的辩论："子非鱼，安知鱼之乐？""子非我，安知我不知鱼之乐？"

更上一层，"离坚白"论点登峰造极

除了"白马非马"的哲学论点，公孙龙还有一个著名的哲学辩题，更是将他推向了哲学的顶峰。这个辩题的切入点是"坚白石"，其核心论点是："视不得其所坚，而得其所白者，无坚也；拊不得其所白，而得其所坚者，无白也。"大概意思是，我们的眼前有一块白色的石头，但是用不同的方式去感知它，将会产生两种不同的结果：

一种方式是我们用眼睛去看，就一定不知道它是坚硬的，从视觉效果而言，只能知道它是白色。

另一种方式是我们用手去摸、去感受，那么就只能知道它是坚硬的，而并不知道它是白色的。

因为，我们在用眼睛看时，石头的坚硬就被藏起来了；我们在用手去抚摸时，石头的白色也就藏起来了。

于是，公孙龙便得出了一个著名的哲学论点，"白色"与"坚硬"，并不是融合在石头里，而是脱离石头而独立存在。这便是"离坚白"的主要论点。

公孙龙的辩论，他所分开的"白"与"坚"，是依赖两种不同的感官来区分的，一种是视觉，一种是触觉。因此，"白""石""坚"，结合在一起，就是"坚白石"。分开之后，就是"白石"和"坚石"。于是，"坚白石"之辩便成为公孙龙哲学思想的代表，也让他攀上了哲学的新高峰。

名家对谈，唇枪舌剑各领风骚

公孙龙的名气越来越大，与他进行对谈的名士也多了起来，其中最著名的一个便是孔子的嫡系六世孙孔穿。

据《淮南子·道应训》等史料记载，孔穿找上门来，却被公孙龙说得无言以对。当时情况是这样的，公孙龙"白马非马"的辩论让公孙龙名扬天下，这样的论调也招来了很多人的不满，其中就包括孔穿。孔穿找到公孙龙，说："我一直很佩服先生的学问，早就想做先生的弟子，但对于先生'白马非马'的观点，我却不能认同。因此，如果您放弃这个观点，我就做您的弟子。"这话一出口，公孙龙就知道来者不善，是来摆擂台的。"白马非马"的论辩让他名扬天下，如果他自己推翻了自己，岂不是让人笑掉大牙吗？

于是公孙龙就说："我最有名的就是'白马非马'的理论，现在你要我放弃这种观点，那我拿什么来教你呢？而且现在是你要拜我为师，却提出这样的要求，这是不可取的。"然后，公孙龙又提到，有一次楚王把弓给弄丢了，手下人要去找，楚王却说："楚国人丢了东西，楚人捡到了，就没必要去找了。"孔子知道这件事情就说："楚王应该说是人丢了东西，人捡到了，不必提及楚国。"所以，公孙龙认为孔子也是把"人"和"楚人"给区别开来了，而自己的观点与孔子的说法一致，所以是正确的。

于是，公孙龙便总结说："你师从儒家，但却反对孔子的观点，你要拜我为师，却要反对我的观点，这样就算有千百个大贤者，也教不了你啊。"孔穿听了公孙龙的论述后，觉得很有道理，也无法反驳，羞得面红耳赤。

遇到克星，公孙龙渐被冷落

公孙龙的论辩名扬天下后，他的人生到达了顶峰，弟子成百上千，并受到了各诸侯国权贵们的礼遇。其中，对公孙龙最好的便是平原君，不仅给公孙龙送去房产和美人，还给他按月发俸禄。但是，物极必反。在公孙龙的晚年，他遇到了自己人生中最大的克星，也就是我们的大阴阳家邹衍。

当时，邹衍路过赵国，作为四公子之一的平原君，盛情邀请他吃饭，并让公孙龙与邹衍辩论。令人意外的是，阴阳家邹衍却当场明确表示拒绝。他拒绝的理由是："夫辩者，别殊类使不相害，序异端使不相乱。抒意通指，明其所谓，使人与知焉，不务相迷也。故胜者不失其所守，不胜者得其所求。若是，故辩可为也。及至烦文以相假，饰辞以相悖，巧譬以相移，引人使不得及其意，如此，害大道。夫缴纷争言而竞后息，不能无害君子，衍不为也。"翻译成现代汉语就是，邹衍认为，用繁文缛节作为凭据，用巧言饰辞相互诋毁，用华丽辞藻偷换概念，用诡辩纠缠不休、咄咄逼人，总要让人认输才住口，这样的辩论，有害治学大道，也有害君子风度！

养士三千，且常为公孙龙的善辩而感到有面子的平原君，在听了邹衍一席话后，若有所思。之后，他便渐渐冷落了公孙龙。不管怎样，从哲学的范畴来说，公孙龙还是做出了贡献的。因为，他提出了辩证学的哲学观点，也巧妙地运用了"概念偷换"的方法，将一些哲学问题最先提了出来，这也是学术的一种进步。毕竟，这个世界是需要分工的。虚实之间，物质与精神都同等重要。邹衍的评述，虽有一定道理，但也显得过于极端。正如学者周昌忠在他的《公孙龙子新论》一书中，将公孙龙的思想和西方哲学相比较，认为公孙龙"构造了一个相当丰富的关于语言本身的哲学理论"，称其并不比亚里士多德逊色。

第六章

阴阳家

　　阴阳家，诸子百家之一，是盛行于战国末期到汉初的一种哲学流派，齐国人邹衍是其创始人。阴阳家的学问被称为"阴阳说"，其核心内容是"阴阳五行"。"阴阳相生"的观点最早出现在《周易》中，阴阳学说是中华民族最重要的哲学思想之一。

邹衍

衍

※

一个有趣的阴阳家

　　提到邹衍这个人，首先得看他出生的时代。春秋战国是一个风云变幻的时代，也是一个人才辈出的时代，譬如孔子、孟子、庄子、老子、韩非子、鬼谷子等等，都是在这段波澜壮阔的历史时期中诞生的。因此，邹衍生活在这样一个百家争鸣的环境中，也就显得不那么璀璨了。但是，如果单以阴阳学派来看，邹衍却是一位举足轻重的人物。因为，他是第一个提出五行学说的学者，也是阴阳家的代表人物。另外，史学大家司马迁一向惜

字如金，对于墨子才写了二十四个字，但写邹衍却用了
大量的笔墨，并把他列于稷下诸子之首，称"邹衍之术，
迂大而闳辩"。因此，邹衍及其学术成就，也是历史上
不可忽视的存在。

名家辈出，但都以邹衍为鼻祖

邹衍，大约出生于公元前 324 年，去世于公元前 250 年，
整整活了七十五岁，这个年龄在春秋战国的历史上，属于高寿了。
邹衍的老家在齐国，也就是今山东省济南市章丘区相公庄街道
郝庄村。

在中国，卓有成就的阴阳家们，不仅仅是阴阳家，而且博
众家之长，涉猎广泛。譬如，战国时期的管仲，他首先是一个
经济学家、政治家，然后才是一个阴阳家。在关于他的学术著
作《管子》中，就总结了古人的相地经验，"非于大山之下，
必于广川之上。高毋近旱而水用足，下毋近水而沟防省。因天材，
就地利"。譬如黄石公，真名魏辙，张良的恩师，最有名的事
迹就是《史记》中记载的下邳"圯桥授书"。黄石公本是秦始
皇父亲秦庄襄王的重臣，后得道成仙，被道教纳入神谱。据《神
仙通鉴》载："神龙为帝，见一异人，形容古怪……口称：'予

居黄石山，树多赤松，故名。'"中国的堪舆风水始于黄石公，他通晓天机、地脉、人道之学。黄石公所著的《青囊经》被后世称为"风水圣典""风水第一经书"。再譬如郭璞，曾注释《周易》《山海经》《楚辞》等古籍，现今的《辞海》或《辞源》上均可见郭璞的注释。归于郭璞名下的《葬书》，民间认为是郭璞关于风水术的集大成之作。类似这样的还有许多，但是他们的年代，都要晚于邹衍。于是，学界一般认为，研究阴阳之术的大师中，邹衍应该是最早的一批人，因此把邹衍作为阴阳家的代表人物和开山鼻祖。

五行学说，奠定邹衍的江湖地位

后世的史学家、辞赋家班固在其所著的《汉书·艺文志》中，重点论述了阴阳家的来历和社会地位："阴阳家者流，盖出于羲和之官。敬顺昊天，历象日月星辰，敬授民时，此其所长也。"班固认为天论与五行学说，便是邹衍学说的主要内容。

在早期的哲学体系中，其实并没有五行的说法，更没有人提出"五行相克"的理论，直至邹衍出现。邹衍是五行学说第一个人，他提出，天地有五行，从天地到人类，都是按照五行之德的规律循环。而五德转移是仿照自然界的五行（金木水火土）相克，即金克木、木克土、水克火、火克金、土克水的规律进行。人类社会的历史变化同自然界一样，也是受金、木、水、火、土五种物质元素支配，因此历史上每一王朝的更替出现都体现了一种必然性。邹衍说："五德之次，从所不胜，故虞土、夏木、殷金、周火。"具体的佐证，便是《吕氏春秋·应同》中的阐述："凡帝王之将兴也，天必先见祥乎下民。黄帝之时，天先见大螾大蝼。黄帝曰：'土气胜！'土气胜，故其色尚黄，其事则土。及禹之时，天先见草木秋冬不杀。禹曰：'木气胜！'木气胜，故其色尚青，其事则木。及汤之时，天先见金刃生于水。汤曰：'金气胜！'金气胜，故其色尚白，其事则金。及文王之时，天先见火赤乌衔丹书，集于周社。文王曰：'火气胜！'火气胜，故其色尚赤，其事则火。代火者必将水，天且先见水气胜。水气胜，故其色尚黑，其事则水。"这些论述，便属于邹衍的学术观点。

邹衍首次提出五行的概念与"五行生胜"的理论，用以说明事物运动变化的普遍规律，这便具有了朴素唯物主义和辩证法的元素。他的阴阳五行思想对后代哲学、医学、历法、建筑等领域影响很大，尤其是在汉代被董仲舒的新儒学所吸收，成为支持"君权神授"的学说的理论框架，从而也奠定了邹衍在哲学领域的地位。

"大九州说"，中国地理学的"哥伦布"

如果说，哥伦布发现了新大陆，填补了世界海洋学实践和海上航线的空白，那么邹衍提出的"大九州说"，在中国地理学上，则填补了海洋陆地理论的一段空白。他的这一学说，是极端超前和惊世骇俗的，称邹衍为中国地理学的"哥伦布"一点也不过分。因此，邹衍应该是中国第一位海洋理论家，也是第一位挑战儒学"中国"概念的海洋学者。

邹衍认为所谓"中国"，是分为九九八十一部分的"天下"中的"一分"，并且是海洋中的一块陆地。对内而言，"中国"即大禹定的九州（冀州、兖州、青州、徐州、扬州、荆州、豫州、梁州、雍州）。而九州之外"于是有裨海环之"。"裨海"之外，还有赤县神州，再外"乃有大瀛海环其外"。虽然，邹衍的"大九州"概念源于推论，而非地理实践。但这里的"裨海（即小海）"和"大瀛海"，还是最先明确了两个不同的海区概念，即近海与大洋，可谓中国地理学或海洋学的一大贡献。

邹衍所提出的"大九州理论"，和当前地理学说提出的"七大洲四大洋"，有一定的相似之处。在邹衍提出的"大九州"中，"九"既是一个确数，也是一个概数。确数是指九大板块，概数"九"则泛指多数，并非如今人所说的实数。以当时的交通条件，邹衍能提出"大九州说"，一方面应该是基于想象，另一方面，也是一种大胆的探索。毕竟，春秋战国时期，没有一个学者真正走遍全国，更别说全世界，就连明朝的旅行家徐霞客也没能游遍中国。既然邹衍提出了这一概念，除了徐霞客，还有一个方士徐福，他在秦始皇的支持下，带领自己的船队东渡到了扶桑，去海中蓬莱求仙问道去了。

邹衍的学术理论，反映了战国时期人们对中国和世界地理的认识水准，能深刻认识到中国只是世界的一小部分，而并不是世界的中心，是相当了不起的。因此，邹衍对古代地理学所做出的贡献，是巨大并难以超越的。

助燕复兴，打败齐国造福百姓

燕国，一直都是一个小国。当年，燕太子丹聘请杀手荆轲去刺杀秦王，但以失败告终。燕国在历史上，光辉的时刻并不多。但邹衍却是帮其实现宏图的人物之一，是很重要的一个人物。

当时，弱小的燕国屡遭侵略，国力不断衰退。燕昭王即位后，励精图治，四处发布英雄帖，招募天下名士。作为满腹经纶的学术家，邹衍自然也在其中。见到邹衍后，燕昭王亲自为他打扫台阶，擦净竹席，执弟子礼，在黄金台上拜他为师，并亲建馆驿请他居住，以便随时接受指教。与邹衍一同来到燕国的名士中，还有一个人比较有名，他就是大将军乐毅。伯乐需要千里马，千里马也需要伯乐。

在春秋战国时期，各诸侯国对人才是相当重视的，其中最典型的便是燕国。从燕昭王开始，对人才的重视达到空前的程度。有了邹衍、乐毅等贤臣的辅助，燕国的国力日渐增强。于是，燕国抓住绝佳的时机，派遣乐毅联合友邦，一同南下，攻打强大的齐国，竟然连下七十城，报了昔日的屈辱之仇。与此同时，邹衍也发挥了自己不可替代的作用。他到燕国的各地考察调研，行走于山水之间。来到渔阳郡，也就是今北京市密云区的西部。他见此地寒气太盛，草木不长，百姓生活很苦，日子十分艰难。于是，邹衍便爬到郡城南边的小山上，吹起了律管，演奏春之曲，一连吹了三天三夜。在他吹完律管之后，这座小山便飘来暖风，阳光明媚，冰消雪化，树叶绿了，花儿开了。紧接着整个渔阳郡大地变暖，农民赶紧耕地下种。这年庄稼长得特别好，五谷丰收。邹衍又从全国找来了许多当地缺少的良种，教农民识别，又传授他们不同的耕作方法。从此，渔阳老百姓的日子渐渐好起来。邹衍离开渔阳之后，百姓怀念他，便把他吹律管的小山定名为黍谷山；山上建了祠，叫邹夫子祠；祠中立了碑，碑上写着"邹衍吹律旧地"，"衍"字下面刻了一个"子"字，以表示敬意。祠前栽了两棵名贵的银杏树，后来此地成为密云一景，叫"黍谷先春"。人们还在邹夫子教农民识别良种的地方建了一个小院，叫"别谷院"。

之后，邹衍吹律的故事，一直流传至今。大诗人李白在诗作《邹衍谷》中，称赞邹衍："燕谷无暖气，穷岩闭严阴。邹子一吹律，能回天地心。"如今再去密云区的那个院子参观，还能看到当年的两棵银杏树，它们长得茂盛而葱绿，一阵清风吹过来，便能感到一种古韵。

著作颇丰，学术影响千秋万世

邹衍提出了五行论、五德始终论、大九州论等等，还将这些学说写成了著作。据《汉书·艺文志》中介绍，邹衍写了《邹子》四十九篇和《邹子终始》五十六篇。《史记·孟子荀卿列传》则称，他的著作"《终始》《大圣》之篇十余万言"，还有一本《主运》。因此，从这一点看，邹衍的著作其实蛮多的，在春秋战国还没有纸张的时代，能流传下来这么多学术著作，并影响千秋万世，堪称奇迹。

据查阅，邹衍本人从未去过秦国，但他的学说在战国时期广为流传，竟然在秦国影响巨大。当时，权势滔天的政治家吕不韦组织了一大批在秦国的学者，撰写和整理学术著作《吕氏春秋》，其中就收入了邹衍的阴阳五行学说等内容，文章《应同》《荡兵》《十二纪》等，都体现了邹衍的阴阳五行思想。特别是《十二纪》，以四季配五行、五方位、五色、五声、五味、五虫、五祀、五谷、五畜、五脏、五帝、五神等，每个季节分别对应五行系统中的五个元素，把阴阳五行与天象、祭祀、节令、农事等相结合，内容无所不包，涵盖人们生活的各个方面，也对后来秦始皇的执政产生了重要影响。秦朝建立后，秦始皇以秦为水德，论证其代周的合理性，为他的称帝及其统治服务。《史记·封禅书》记载："邹子之徒论著终始五德之运，及秦帝而齐人奏之，故始皇采用之。"从这一点看，邹衍的学说不仅影响了学术界，影响了政治圈，更影响了千古一帝秦始皇，从而为中国的大一统，奠定了强大的理论基础。

第七章

纵横家

纵横家，先秦诸子百家之一，出自鬼谷学派，是"谋圣"鬼谷子创立的学术流派。《汉书·艺文志》将其列为"九流十家"之一。《韩非子》说："纵者，合众弱以攻一强也；横者，事一强以攻众弱也。"但纵横家自己的著作中并没有对"纵横"这一概念进行系统的解释。

其鼻祖鬼谷子，曾教导苏、张、孙、庞四大弟子，皆为战国时期的风云人物。合纵派的主要代表是公孙衍和苏秦，连横派的主要代表是张仪。

鬼谷子

張儀

鬼谷子

※

弟子虽无三千，但个个是天才

韩愈在《师说》中强调，"古之学者必有师，师者，所以传道受业解惑也。"作为教师，传道授业，培养学生，是他们最神圣的职责。但据新闻报道，当前的个别教授，传道授业解惑似乎成了他们的业余生活，而精心钻营赚取经费却成了其主业，这的确令人费解。如果非要给当前的教育者找一位老师的话，那么鬼谷子先生则是他们最应该学习的榜样。鼎鼎大名的纵横家苏秦、张仪，叱咤风云的军事天才孙膑、庞涓，均是鬼谷子的得意门生。

身世是一个解不开的谜

关于鬼谷子的学术地位，史学界并没有多少争议。但是，关于鬼谷子的身世，却一直是个解不开的谜团。有人说鬼谷子姓王，名诩，是春秋战国时期卫国朝歌（今河南省鹤壁市淇县）人，曾担任过楚国的丞相。也有人说，鬼谷子名王利，号微子启，是战国时期魏国邺（今河北省邯郸市临漳县）人。甚至还有人说鬼谷子是一个虚构的人物，唐代有一个作家司马贞就写了一本书名叫《史记索隐》，称"苏秦欲神秘其道，故假名鬼谷"，大意就是苏秦想把自己伪装得很神秘，就为自己编造出一个名叫鬼谷子的老师，目的是将自己神化。这个叫司马贞的作家看来是个三流文人，将《史记》中的一些蛛丝马迹用来作为研究材料，不免过于牵强。当然，"史家之绝唱"《史记》的作者司马迁本人却不是这么认为的，他在《史记·张仪列传》写道："张仪者，魏人也。始尝与苏秦俱事鬼谷先生，学术。苏秦自以不及张仪。"因为《史记》是一部正史，且著述年代离鬼谷子、苏秦、张仪所处的年代最近，可信度应该比司马贞的更强，再加上司马贞又是根据《史记》中的一些细节进行猜测，其真实性就更值得怀疑了。总之，可以确定的是，鬼谷子确有其人，他生活在春秋战国时期，是当时道家、纵横家的开山鼻祖，他常入山采药修道。因隐居卫国鬼谷，故自称鬼谷先生。

据不少史料描述，鬼谷子先生通天彻地，无人能及。一曰数学，日星象纬，在其掌中，占往察来，言无不验；二曰兵学，六韬三略，变化无穷，布阵行兵，鬼神不测；三曰言学，广记多闻，明理审势，出词吐辩，万口莫当；四曰出世，修真养性，却病延年，服食异引，平地飞升。如此神通广大、才华横溢的人物，又怎能不增添几分神秘呢！

通天彻地的奇才连老师也神秘

笔者翻阅众多史学资料，却依旧没有找到鬼谷子先生的老师是谁。这或许就是鬼谷子先生的另一张脸吧。他虽然写了一本至今仍被世人崇拜的旷世奇书《鬼谷子》，但唯独没有交代清楚自己的身世，自己的老师是谁，让后世的学者苦于探索调查，真是累煞人也。

既然没有可靠的史学材料介绍鬼谷子先生的老师是谁，那么我们暂且用一些传闻作为参考吧。有人认为，鬼谷子先生的老师是大名鼎鼎的老子，道家的鼻祖。原因是老子和鬼谷子生活在同一时期，两人都是文坛大咖，理所当然就会有所接触，再加上他们的观点有相同之处。比如老子和鬼谷子都强调不入世的观点，老子选择辞官远游，而鬼谷子选择隐居鬼谷，二人都不主张在世俗生活中寻找意义。这一定程度上体现了他们相同的"无为"思想。但是，鬼谷子的观点又有不同的地方。老子认为在遇到事情时，应该顺其自然，随遇而安，不可强求；而鬼谷子则喜欢洞察人性的弱点，希望通过主动作为去说服别人，从而改变事情的走向，最终获得成功。因此，两人在思想上有相似之处，但是又有较大的差异。

另外，还有学者认为，鬼谷子的才华乃天成，就像张良那样是偶然得到天书所致。相传，鬼谷子偶得一卷竹简，简上写有"天书"二字。但是，书中却无一字，一片空白。鬼谷子心里别提有多纳闷了，本以为得到宝贝，却无法看到上面的字，天书难道就是一个废物吗？他的心情十分沮丧，常常夜不能寐，望月而叹。这样过了很久，突然有一天夜里，鬼谷子睡不着，便起来散步，这时他看到月光下，天书闪闪发光，感到十分惊奇，便走近看个究竟。原来，天书上竟然显露出行行蝌蚪文的字来，闪着金光，鬼谷子这时叹道："真是天助我也，世传'金书'终于显灵了。"他一时兴致倍增，坐下来，捧着天书一口气读到了第二天早上。此时，鬼谷子已经能将天书从头至尾背诵了。这就是鬼谷子才学的渊源，天书就是他的老师。从此，鬼谷子便有了经天纬地之才，成为春秋时期鼎鼎有名的大学者。

平生最得意的弟子当属苏秦张仪

学得一身本事的鬼谷子最开始并没有当隐士，而是选择了入仕做官。那么他做的什么官呢？级别如何呢？据相关史料零星记载，鬼谷子曾当过楚国的宰相。但是，鬼谷子志不在此。后来，他索性辞官远去，回到了卫国的鬼谷教授学徒，传播学问。在他的众多弟子中，最优秀的莫过于名闻天下的纵横家苏秦和张仪。

苏秦、张仪是战国时最为耀眼的两颗政治明星，同时又是最为出色的两大外交家。苏秦佩着六国相印到处游说，联合他们共抗强秦。这的确有一些传奇色彩，一人兼任六个国家的宰相，在世界史上也找不出第二个。所以，苏秦在战国时期，是名望极高的政治家。而鬼谷子的另一个高徒张仪，则凭借着高超的智谋和辩术，迅速成为秦国宰相，他精心瓦解了苏秦生前所创的六国合纵，为秦国统一天下立了赫赫大功。苏秦和张仪，他们所采取的策略完全不同，苏秦采用的是"合纵"之术，类似狮子捕猎讲究群体战术，去拉拢另外的狮子一起群攻大象。而张仪采用的则是"连横"之术，大象本来就很厉害，但他却采取挑拨离间、恩威并重之术，让狮群内斗，最终大象渔翁得利；时机成熟时大象亲自出马，联合一方狮群共同攻击另外的狮群，从而取得战略的成功。从这一点可以看出，鬼谷子的教育手段很高明，观点灵活而先进，因材施教，对学生进行个性化教育。苏秦和张仪的成功，就能够证明。鬼谷子培养出的两个学生，能将战国后期各诸侯及天下形势掌握于股掌之中，掀起滔天巨浪，实在令人叹服。大史学家司马迁就曾高度评价鬼谷子的学生苏秦、张仪："此两人真倾危之士！"

用相学测算孙膑和庞涓的命运

除了苏秦、张仪是鬼谷子的学生外，有一些史料和文学著作还提到军事家孙膑、庞涓也是鬼谷子的学生。孙膑与庞涓的故事，大家已经很熟悉了，无论是电视剧，还是历史小说，均有过详细介绍。笔者只想给大家分享一段故事，以佐证鬼谷子不仅精通纵横学、军事学，还特别擅长相学。

在民间，有许多乡村懂命理的老人，就将鬼谷子尊称为自己的祖师爷。在他们的叙述中，鬼谷子早年在街上算卦，前来找他问鬼神的百姓次次都被他算中。由此，鬼谷子能看相算命的名声迅速远播，成为神人大仙。后来，鬼谷子开始传授学问，学生中除了苏秦、张仪外，还有孙膑、庞涓。

当时，孙膑、庞涓向鬼谷子学习的是军事知识。经过鬼谷子数年的精心教导，孙膑、庞涓的学问大有长进。其中，庞涓很想离开鬼谷子出去闯荡江湖，建功立业。

鬼谷子对庞涓的心思早已猜透，但却没有明说。有一天，庞涓下山打水时，听说魏国正用重金访贤聘能，他心里别是一番滋味，想到自己已经学有所成，是该建立功业了，便按捺不住内心冲动，急忙赶回谷中找到老师鬼谷子，准备辞行。见面后，庞涓怕老师不放他走，于是说话吞吞吐吐，竟没说出个头绪。鬼谷子心里跟明镜似的，笑着对庞涓说："我夜观天象，发现你的时运来了，何不下山谋求富贵？"

庞涓一听，觉得老师真是自己肚里的蛔虫，说到他心坎上了，忙跪下致谢说："谢谢老师，弟子正有此意，但不知我这次下山后能否成功？"

鬼谷子看了看庞涓，顿了顿说："你去山中摘一朵花来，我给你占一卦！"

于是庞涓屁颠屁颠地跑到山中摘花，可六月的天，花期早过了。他找了许久，也仅仅找到一枝草花。庞涓将此花连根拔起，回去拜见先生说："老师，六月的天，山里没有花呢。"

鬼谷子问："那你袖子里是什么？"

庞涓只好将草花拿出："此乃草花，花卑位贱。"

"同样为花，何言贵贱？"鬼谷子说，"你知道这花的名字吗？它叫马兜铃，一开就是十二朵，正好是你发迹的年数。采于鬼谷，见日而枯萎，你成功的地方，应该是魏国。但你会欺骗他人，也会因为欺骗他人而被他人欺骗。所以一定不可欺骗他人。否则，后果难以预料。我给你八个字，一定要记住。"

"烦请老师赐教！"

"遇羊而荣，遇马而瘁。"

"先生的教诲，弟子定当铭诸肺腑。"

正好孙膑也在身旁，庞涓噙着泪对孙膑说："我与孙兄有八拜之交，情同手足，这次下山，只要我能发迹，一定推荐师兄，共建大业。"

"此话当真？"

"我若失信，当死于乱箭之下！"

后来的事，大家都已经知道了。庞涓来到魏国，入朝时正赶上魏王用膳，庖人送上一只蒸羊。后来庞涓果然一路青云直上，在魏国建立了不朽功勋，当了大将军。他的师兄孙膑去投靠他，反而被庞涓所害。后来，孙膑在齐国使者的帮助下逃到齐国，助齐国争霸天下，也报了自己的深仇，在马陵道乱箭射死庞涓。

这个故事，其实我是不信的。这可能是一些相学大师为了找到自己的学问出处，拉虎皮作大旗，便把孙膑与庞涓的命运借鬼谷子之口说出来，以增加其神秘性，从而为命理学找到其合理性和可信性。

因此，各位读者权当小故事一笑了之即可，不必深信。

《鬼谷子》一书将其捧上神坛

《左传》中，春秋鲁国大夫叔孙豹提到，"立德""立功""立言"为人生"三不朽"。这一句话激励了许多人，也成就了不少英雄才子。如果以这个标准来评判鬼谷子，很显然他幸运地占了三分之二。"立功"，鬼谷子当过楚国宰相，做官做到了最高级。"立言"，鬼谷子更是千古绝伦，笑傲群雄。学术著作《鬼谷子》为他带来了不尽的名声。

《鬼谷子》一书，历来被人们称为"智慧禁果，旷世奇书"，它在中国传统文化中颇具特色，是乱世之哲学。它的哲学是实用主义的道德论，讲求名利与进取，是一种讲求行动的实践哲学，其方法论是顺应时势，知权善变。《孙子兵法》侧重于总体战略，而《鬼谷子》则专精于具体技巧，两者相辅相成。后来民国的学者李宗吾写的《厚黑学》有点类似于这本书，但《鬼谷子》的手法和技艺又比《厚黑学》更高明。《鬼谷子》虽然也讲究实用，但在解说这些战略时，更注重一种格局，一种智慧，这是与《厚黑学》的显著不同之处。

南朝文学理论家刘勰在《文心雕龙·诸子》中就给予了鬼谷子高度评价："鬼谷渺渺，每环奥义。情辨以泽，文子擅其能。"翻译成现代汉语的意思就是，"《鬼谷子》说理玄远，常阐述奥妙的意见；感情明显而丰富，是《文子》所独具的优点"。

南宋学者高似孙在其所著的《鬼谷子略》中也盛赞道："《鬼谷子》书，其智谋，其术数，其变谲，其辞谈，盖出于战国诸人之表。夫一辟一阖，《易》之神也；一翕一张，老氏之几也。鬼谷之术，往往有得于阖辟翕张之外，神而明之，益至于自放溃裂而不可御。予尝观诸《阴符》矣，穷天之用，贼人之私，而阴谋诡秘，有金匮韬略所不可该者。而鬼谷尽用而泄之，其亦一代之雄乎！"在这段评价中，高似孙认为鬼谷子在书中主要集中表现了智谋权术、变谲辞谈，这大大超出了《易》和老子的阖辟翕张、神明自如，其阴谋诡秘更是兵家秘籍所不能及，鬼谷子将各种学说谋略潇洒尽用，不愧为一代伟才。

个人认为，《鬼谷子》这本谋略学巨著，是中国传统文化中的一朵奇葩。它广泛涉猎心理揣摩、演说技巧、政治谋略、兵家布阵、经商致富等多个领域，可以作为一本百科全书进行参考。但是，从操作层面来说，它也有缺点，《鬼谷子》由于过分讲究诡计和谋略，而不推崇仁义，一定程度上会使人漠视道德原则，导致社会的逐利之风盛行。从这个角度而言，我与柳宗元的观点一致，他认为："《鬼谷子》后出，而险盭峭薄。恐其妄言乱世，难信，学者宜其不道……"《鬼谷子》乖戾刻薄，恐妄言会乱世，学者不宜传说。因此，《鬼谷子》虽是一部奇书，却多次被封建统治者所禁。

不过，至于《鬼谷子》到底该如何应用，是读者个人的事，说到底都与别人无关。但是无论怎样，鬼谷子先生的传奇故事，却被灿烂地流传下来，被一代又一代人深刻铭记。

张
仪

※

谈吐之中可江山亦可美人

在苏秦、张仪之前，诸侯争霸的过程中，极少有辩士，顶多就是两军交战过程中，各自派遣一位使臣，来传递君王的口信。但是，自从在鬼谷子这位绝世天才的教授下，世界上便多了一种职业，那就是外交家。张仪和苏秦，则是其弟子之中最典型、最优秀的一批。他们不仅仅是外交家，还广泛涉猎纵横、政治、军事、天文、地理等领域。因此张、苏这样的人，可以说是旷世奇才，特别是张仪，更是将诸侯强国玩弄于股掌之中，直接影响了中国历史的进程。

初次游说，被诬陷为窃玉小偷

张仪具体出生在哪一年，史料中没有记载，但他去世的时间倒很确定，就是公元前309年。这一年，张仪来到他的家乡魏国担任宰相才一年有余，就死去了。

据史料记载，张仪的出生地是魏国安邑，一种说法是今山西万荣县王显乡张仪村。年少时，他家里比较穷，也没有享受过多少优待。特别是青年时，他还曾受过侮辱。到底是怎么回事呢？他当时从鬼谷子那里学得了纵横术之后，便去楚国游说，在楚国令尹昭阳君门下谋了一个小差事。有一次，他作为随从陪昭阳君喝酒。席间，昭阳君丢失了一块玉璧，门客们都怀疑是张仪拿的，就说："张仪这个人很贫穷，品行也不端，一定是他偷了令尹的玉璧。"

说完后，大家就将张仪拘捕起来，用棍棒打了几十下，逼他承认是自己偷的。被打得皮开肉绽的张仪，始终没有承认，最后，大家也只好放了张仪。

回到家后，妻子看到全身是伤的张仪，又悲又恨地说："唉！早知道今天，当初就不该让你去鬼谷子门下学习，现在可好，受了这么大的侮辱，难道就不感到痛苦和悔恨吗？"张仪则安慰妻子："没事，没事。你看看我的舌头，还在不在？"

妻子笑着说："人家打的是你的屁股，你的舌头当然还在呀。"

张仪说："这就够了。有了我这舌头，以后我们还是要吃香的喝辣的。这叫，留着舌头在，不怕没财来。"

时来运转，他遇到了一个好师兄

尽管在楚国受了欺负，但张仪的好日子却紧接着来了。他遇到了一个好师兄，这个人就是苏秦。苏秦不像庞涓那样，一门心思地排挤师弟，而是给了张仪一次重要的机会。

当时，苏秦派他的仆人去请张仪，说有好职位给他留着，让他尽快前往。张仪收到邀请后，非常高兴，便对自己的妻子说："夫人，你看，上天对我不薄吧。我师兄苏秦来邀请我去当官了。"夫妻二人很高兴，立马就收拾好行李，与苏秦派来的仆人一同到了赵国。

张仪到了赵国后，高高兴兴地呈上名帖，满怀期待地请求会见师兄苏秦。但是，苏秦却对张仪不理不睬，招待张仪的时候，也只是用给仆人和侍女所吃的饭食，并且还当众羞辱张仪，说张仪那么有才能，竟穷困潦倒到这种地步，是不值得收留的，说完就把张仪打发走了。张仪这次来见苏秦，本以为是旧交，又是同门师兄弟，可以谋得一个好职位。没想到，苏秦竟出尔反尔，不仅没给他安排官职，还当众羞辱了他。一气之下，张仪想到各国诸侯中只有秦国才能威胁赵国，便愤愤不平地离开了赵国，奔秦国而去。

苏秦在张仪离开后，便暗中派人资助张仪到达秦国，并且帮助他见到秦惠文王。很快，秦惠文君就拜张仪为客卿，与他共商攻打各诸侯国的大计。

这时，帮助张仪的人才解密说，自己一直以来都是苏秦安排来支持张仪的。并称，苏秦当初故意刺激张仪，是为了激起张仪的斗志。如今张仪已经得到了自己的职位，也受到了秦君的重用，那么他的使命就已经完成了，便要离开张仪，回去向苏秦复命。张仪听完很是感动，说："哎呀，我真是太感谢师兄了。按理说，这些权谋，都是我平时烂熟于心的。但是，我却没有察觉到师兄的良苦用心。真是佩服，我确实没有苏先生高明啊！况且，我刚刚被任用，又怎么能图谋攻打赵国呢？请替我感谢苏兄。只要苏兄还在赵国，我张仪就不会奢谈攻赵！"

鲲鹏展翅，兼任秦魏两国宰相

受到秦惠文君赏识后，张仪很快建功立业。

公元前328年，秦惠文君派遣公子华和张仪围攻魏国的蒲阳，打了胜仗并占领了蒲阳。张仪趁机劝说秦惠文王把蒲阳归还魏国，并派公子繇到魏国去做人质。张仪又劝说魏王道："秦国对待魏国如此的宽厚，魏国不可不以礼相报。"魏国因此就把上郡十五县和少梁献给秦国，用以答谢秦惠文君。于是，秦惠文王就任命张仪为相，位居百官之首，参与军政要务及外交活动。

秦惠文君十三年（前325年）四月，魏惠王、韩宣惠王为了对抗秦国，互尊为王。同年，秦惠文君派张仪为将讨伐并占领了魏国的陕（今河南省三门峡市陕州），把那里的魏人全部交归魏国，还命张仪修筑了上郡要塞。秦惠文君十四年（前324年），张仪拥戴秦惠文君正式称王，更年号为秦惠文王元年。秦惠文王二年（前323年），秦惠文王派张仪和齐、楚两国的相国在齧桑（地名）会盟。

秦惠文王三年（前322年），张仪从齧桑回到秦国，被免去相位。为了秦国的利益，张仪去魏国担任国相，打算使魏国首先臣服秦国而让其他诸侯国效仿。魏惠王不肯接受张仪的建议，秦惠文王大发雷霆，立刻出动军队攻克了魏国的曲沃、平周，暗中给张仪更加优厚的待遇。张仪觉得很惭愧，感到没有什么可以来报答秦惠文王。

秦惠文王六年（前319年），魏惠王去世，魏襄王即位。

张仪又劝说魏襄王向秦国称臣，魏襄王也不听从。于是，张仪暗中让秦国攻打魏国。魏国和秦国交战，魏国战败。秦惠文王七年（前318年），韩国、赵国、魏国、燕国、齐国偕同匈奴人一起进攻秦国，秦国还击，打败了韩国申差的部队，斩首士卒八万两千，使其他诸侯震惊惶恐。秦惠文王八年（前317年），张仪再次游说魏襄王退出合纵盟约，臣服于秦国。于是，魏国宣布退出南北合纵，请张仪担任中间人与秦国和解。张仪回到秦国，重新出任国相。次年，魏国重新臣服于秦国。秦惠文王九年（前316年），秦惠文王派遣张仪、司马错帮助苴国和巴国攻打蜀国，趁机吞并了蜀国。接着，又掉头攻取了巴国和苴国，擒获了巴王，设立巴郡、蜀郡和汉中郡，将三郡土地分为三十一县，并在江州筑城。这时，巴蜀之地全都划入了秦国的版图，自此，秦国有富饶的巴蜀作为粮仓，为后来秦国吞并天下、一统全国奠定了坚实的基础。而张仪也是厥功至伟，受到秦惠文王的宠信，其权势也达到了鼎盛。

得意忘形，戏耍楚国反被囚禁

张仪通过自己的才华和三寸不烂之舌，最终实现了自己的梦想，得到了地位和财富，便有一些得意忘形了。于是，在之后的外交过程中，他竟玩起了无赖的手段，公然戏耍强大的楚国，最终被监禁。

事情的经过是这样的。秦惠文王十二年（前313年），秦国想要攻打齐国，但忧虑于齐、楚两国已经缔结了合纵联盟，于是便派张仪前往楚国游说楚怀王。听说张仪来了，楚怀王亲自到驿馆安排他的住宿，并对张仪说："楚国是个偏僻鄙陋的国家，您用什么来指教我呢？"张仪便游说楚怀王说："大王若能听从我的意见，就请和齐国断绝往来、解除盟约，我愿意奏请秦惠文王献出商於一带六百里的土地，让秦国的女子做服侍大王的侍妾，秦楚之间娶妇嫁女，永远结为同盟，这样向北可削弱齐国，而西边的秦国也可以得到好处，没有比这更好的策略了。"

楚怀王非常高兴地应允了张仪。大臣们来向楚怀王祝贺，这时候大臣陈轸和屈原都劝谏楚怀王不要轻信张仪。楚怀王却说："我不费一兵一卒即可获得秦国六百里地，满朝臣了都在为此庆贺，唯独你们二人阻止我，你们难道想造反不成？"

陈轸和屈原却认为，商於一带的土地非但不能得到，反而会换来秦国和齐国联盟。秦、齐二国一旦联盟，届时楚国必定会大祸临头。但楚怀王根本不听屈原和陈轸的劝说，还是答应了张仪的建议。

然而，张仪回到秦国之后却闭门不出，一连三个月没上朝，将他在楚国许下的承诺抛到了九霄云外。

楚怀王听到这件事，说："张仪是因为我与齐国断交还不彻底吧？"于是，就派人去宋国，借了宋国的符节到齐国辱骂齐宣王，齐宣王一气之下斩断符节，转而与秦国结盟。

随后，秦国、齐国建立了邦交。张仪见生米煮成熟饭，便开口对楚国使臣解释说："我有秦王赐予我的六里封地，愿把它献给楚王。"楚国使者感到很诧异："当初，你承诺我王，给予商於之地六百里，现在却说是六里，这是言而无信，将国家外交视同儿戏，完全没有信誉可言。"张仪却依旧狡辩，坚持只给六里土地。

楚国使臣无奈，只得返回楚国，把张仪的话原封不动地告诉了楚怀王。楚怀王一怒之下，兴兵攻打秦国。结果秦、齐两国共同攻打楚国，夺取了丹阳、汉中的土地。楚国又派出更多的军队去袭击秦国，结果楚军大败，于是楚国又割让两座城池和秦国缔结和约。

秦惠文王十四年（前311年），秦国要挟楚国，想得到黔中一带的土地，打算用武关以外的土地来交换。楚怀王说："我不愿意交换土地，只要能得到张仪，我愿献出黔中地区。"

秦惠文王想要遣送张仪去楚国，又不忍开口说出来。张仪却主动请求前往。秦惠文王说："那楚王恼恨先生背弃奉送商於六百里土地的承诺，这是存心报复您。"张仪说："弱国无外交。如今秦国强大，楚国弱小，再加上我和楚国大夫靳尚关系亲善，他一定能帮我说服楚国夫人郑袖，而郑袖的话楚王是全部听从的。况且我是奉大王的命令出使楚国的，有秦国做后盾，楚王怎么敢轻易杀我？假如杀死我，就能替秦国取得黔中的土地，对于秦国来说，也是一笔赚钱的买卖，而我对于大王的忠心也可以得到检验了。"

秦惠文王听张仪的态度如此坚决，也不好再劝说什么，就派张仪出使楚国，可他刚到楚国，就被楚怀王囚禁起来了。楚怀王扬言要杀掉他，剜掉他身上的肉，才足以泄愤。

善用糖衣，求助宠妃侥幸脱险

张仪被抓后，并没有坐以待毙。他依旧按照自己之前的计划，指使自己的手下给当时楚国的宠臣靳尚送了大量的财宝，并托他帮忙营救自己。

人到困难时刻，总会去找最管用的人。这时的楚国，拍板的人肯定是楚怀王，能影响楚怀王做决定的人不多，而郑袖是其中一位。于是，靳尚便私下拜访郑袖，说："您知道您即将被大王鄙弃吗？"

郑袖说："大胆，你怎敢如此说？"

靳尚不慌不忙地解释道："秦王特别钟爱张仪，此次大王把张仪囚禁，还扬言要杀掉他。为了营救张仪，秦王打算用上庸六个县的土地来交换，并在秦国选了几位绝世美女，准备赠给大王，还用了秦王宫中擅长歌唱的女子作为陪嫁。大王看重土地，就会敬重秦国。秦国的美女，一定会受到宠爱而尊贵。这样，夫人您的地位就受到了威胁，在不久的将来也会被鄙弃。"

听到靳尚这么说，郑袖感到有些紧张，也不知如何是好，便求教靳尚解决的办法。

"解铃还须系铃人。我认为，王妃您不如替张仪讲情，将他从囚禁中释放出来。这样，秦王也就不会再送美女了。"

郑袖听了后，认为很有道理。于是，她在受到楚怀王临幸时，便积极地向楚怀王讲情说："张仪作为臣子，必然为他的国家效力。现在土地还没有交给秦国，秦王就派张仪来了，对大王的尊重达到了极点。大王还没有回礼，却要杀张仪，秦王必定大怒，出兵攻打楚国。秦国那么强大，得罪了他们，肯定没有好果子吃。请大王让我们母子都搬到江南去住，不要让我们像鱼肉一样地被欺凌屠戮。"

楚怀王禁不住妃子的劝说，加之有些害怕秦国，便后悔囚禁了张仪，于是第二天就赦免了张仪，还像过去一样优待他。张仪也因此逃过了一劫，保住了性命。

贵人逝去，人生命运走到尽头

一个人有一个人的时运。当年，商鞅在秦孝公死去后，他的政治生涯也走到了尽头，而张仪也逃不开他的宿命。秦惠文王十四年（前311年），张仪从外国出使后返回秦国，还没走到咸阳，秦惠文王就去世了，秦武王即位。

秦武王喜欢蛮力，平时倾向于武斗，在做太子时，就不喜欢耍嘴皮子的张仪。等到他继承王位后，很多大臣便借机说张仪的坏话，称张仪不讲信用，反复无常，出卖国家，以谋取国君的恩宠，秦国要是再任用他，恐怕被天下人耻笑。

这时，其他诸侯国听闻秦惠文王死去，新王初立，便趁机纷纷放弃连横政策，又恢复合纵联盟。张仪的话语权不断降低，再加上以前他得罪过的大臣对他处处诋毁，此时真是腹背受敌。张仪感到恐惧万分，商鞅的故事时刻提醒着他，一不小心就会走上不归路。

为了自保，张仪向秦武王献策，说："为秦国着想，必须使东方各国发生大的变故，大王才能多分得土地。如今，听说齐王特别憎恨我，我在哪个国家，他就一定会出动军队讨伐哪个国家。所以，我希望大王让我这个不成才的人到魏国去，齐国必然会出动军队攻打魏国。当魏国和齐国的军队在城下混战，而哪一方都没法回师离开的时候，大王就可以利用这个间隙攻打韩国，攻入三川，军队出函谷关后，不要攻打别的国家，直接兵临周都，周天子一定会献出祭器。大王就可以挟持天子，掌握天下的版图和户籍，成就帝王的功业。"秦武王认为他说得有些道理，便准备了三十辆兵车，送张仪到了魏国。

果然不出张仪所料，齐湣王听说张仪在魏国，便出动军队攻打魏国，魏襄王很害怕。张仪便对魏襄王说："大王不要担忧，我可以让齐国罢兵。"于是，张仪派遣他的门客冯喜到楚国，再让楚国的使臣到齐国，经过多轮交涉和谈判，最终成功劝服齐湣王撤了军。

然而，张仪在魏国还没有住满两年，就去世了。这一年正好是秦武王二年，也就是公元前309年。一代纵横天才，就这样消逝了。他化作了历史长河中一颗璀璨的明星，功与过任凭后人评说。其中，李斯对他的评价最为中肯："惠王用张仪之计，拔三川之地，西并巴、蜀，北收上郡，南取汉中，包九夷，制鄢、郢，东据成皋之险，割膏腴之壤，遂散六国之从，使之西面事秦，功施到今。"

第八章 杂家

杂家，诸子百家之一，战国末期至汉初的哲学学派，以博采各家之说见长，以"兼儒墨，合名法"为特点，"于百家之道无不贯通"。《汉书·艺文志》将其列为"九流"之一。杂家代表作有战国时期的《尸子》《吕氏春秋》、西汉时期的《淮南子》，分别为战国时期商鞅门客尸佼、秦相吕不韦和汉淮南王刘安所编撰，对诸子百家兼收并蓄，但略显庞杂。

吕
不
韦

※

经营政治是天下最大的生意

提到吕不韦，我们不能简单地把他定义为商人，他和沈万三、石崇、陶朱公、胡雪岩这样的商人并不一样。其他商人主要是以经济利益为重心，顺便依附政治。但是吕不韦却不是这样，他是以政治权术为手段，以实现政治理想为目的，这就超越了商人的范畴，达到了另一种境界。因此，吕不韦不仅是独一无二的商人，也是独一无二的政治家。从他的人生故事中，我们或许能受到不少启发。

青春年少, 拼爹有了第一桶金

　　吕不韦既然是商人, 他肯定有自己的生财门路。从史料记载看, 他并不是白手起家, 而是靠"啃老"获得了第一桶金。吕不韦, 本是姜姓, 名不韦, 卫国濮阳 (今河南省安阳市滑县) 人, 传言是姜子牙的二十三世孙。由于年代太久, 又是二十三世, 其真实性有待考证。

　　吕不韦的父亲是大商人, 他往来各地, 将货物以低价买进, 高价卖出, 积累起雄厚的家产。吕不韦成年后, 也帮着父亲一起打理生意, 继承了家族的产业。公元前 265 年, 秦国安国君被立为太子。安国君有个非常宠爱的妃子, 称之为华阳。华阳夫人虽年轻貌美, 极受宠幸, 但遗憾的是没有儿子, 而安国君还有二十多个儿子。因为疼爱这个女人, 安国君心里一直有所愧疚。与此同时, 安国君有个排行居中的儿子名叫异人, 异人的母亲叫夏姬, 默默无闻, 亦不受宠爱。异人作为秦国的人质被派到赵国。因为秦赵世仇, 秦国多次攻打赵国, 所以赵国并不待见异人。

　　作为秦昭襄王庶出的孙子, 异人从小就不受重视, 被打发来赵国当人质, 他乘的车马和日常的用度都不富足, 生活困窘。吕不韦到邯郸去做生意, 见到异人后非常兴奋, 他决定对异人进行投资, 但又有点不放心。因为在吕不韦的时代, 对一个政治人物进行投资，还史无前例。所以，他要咨询和请教一下他的父亲。

吕不韦跑回家问父亲："种田能获利几倍啊？"他的父亲回答说："十倍。"吕不韦又问："经营珠宝生意能获利几倍？"其父答："一百倍。"吕不韦接着问："那么，帮一个人登上王位、安定一个国家呢？"吕不韦的父亲听了儿子的话，感到非常惊讶。因为"立主定国"这样的事，实在难以用数字计算出有多大的利，并且有极高的风险。所以，他回答："那就获利无数，但风险极大。"吕不韦对父亲说："富贵险中求。您看那些脸朝黄土，背朝天的务农者，累死累活还不能丰衣足食。如果建国立君，不仅我们可以享用不尽，还可以泽被后世。我现在决定做这件事了。"吕不韦与父亲的对话见于《战国策·濮阳人吕不韦贾于邯郸》："濮阳人吕不韦贾于邯郸，见秦质子异人，归而谓父曰：'耕田之利几倍？'曰：'十倍。''珠玉之赢几倍？'曰：'百倍。''立国家之主赢几倍？'曰：'无数。'曰：'今力田疾作，不得暖衣余食；今建国立君，泽可以遗世。愿往事之。'"

变卖家产，全力投资"潜力新股"

有了父亲的肯定和支持后，吕不韦就找到了自己刚刚认识的朋友异人。他把自己的想法，虚虚实实地告诉了异人。异人本来就是公子中排名中下的一位，再加上自己的母亲夏姬也不受宠信，对于吕不韦带来的机会，当然乐意接受。

于是，吕不韦便详细地给异人分析道："秦昭襄王已经老了，您的父亲安国君被立为太子。安国君现在特别重视你的兄弟子傒，子傒又有母亲在后宫照应，而您排行中间，母亲又不受宠。秦昭襄王死后，安国君继位为王，您也不要指望同您长兄和其他在安国君身边的兄弟们争太子之位。您现在又处于祸福难测的敌国，一旦秦赵开战，公子您的性命将难以保全。"

异人叹道："您说的确实如此呀。"

吕不韦接着说："这也不是一成不变的。只要您配合，我们两个共同努力，就一定能改变局面。首先，您先要回到秦国，回到政治权力的中心。另外，我私下听说安国君非常宠爱的华阳夫人没有儿子，这就是大好的机会。您要先成为华阳夫人的儿子，只要她鼎力推荐，以后你就能参选太子。还有，您现在很困窘，又客居在此，也没有钱财结交朋友，我准备变卖所有家产，支持您先把名声打出去。当然，我还要先去秦国为您游说安国君和华阳夫人，让他们支持立您为太子。"

异人于是叩头拜谢道："太感谢您了，如果事情成了，我愿意与您同享富贵，共分秦国的土地和人民。"

两人商量好后，于是吕不韦变卖了家产，先拿出五百金给异人，作为异人在赵国日常生活和交结宾客之用。同时，吕不韦还忍痛割爱将自己的女人赵姬献给了异人，以排解他的寂寞。接着，他又拿出五百金购买珍奇玩物，西去秦国游说华阳夫人的弟弟阳泉君和他们的大姐。在得到阳泉君和华阳大姐的认可后，又通过他们引荐说服了华阳夫人。

于是，作为赵国人质的异人，终于在不久后就被华阳夫人收为义子，为下一步竞选太子打下了坚实的基础。

时来运转，命运发生翻天变化

秦昭襄王五十年（前257年），秦国派王龁围攻邯郸，情况非常紧急，赵国便想杀死异人泄愤。异人非常害怕，就和吕不韦商量，吕不韦拿出了六百金贿赂给守城官吏，使异人得以逃脱，平安到了秦军大营，最终顺利回国。赵国得知异人逃跑后，又想杀异人的妻子和儿子政，也就是后来的赵太后和秦始皇嬴政。这个赵姬也真是命大，他们当时迅速藏了起来，居然没被搜到，母子二人侥幸活命。

异人回到秦国后，吕不韦让他身着楚服觐见故乡是楚国的华阳夫人。华阳夫人对他的打扮十分高兴，认为他很有心，并特别亲近地说："我就是楚国人。"还把公子异人改名为"子楚"。

秦昭襄王五十六年（前251年），秦昭襄王去世，太子安国君继位为王，华阳夫人为王后。

一次，子楚乘安国君空闲时，进言道："父王也曾羁留赵国，赵国豪杰之士知道父王大名的不在少数。如今父王返秦为君，他们都惦念着您，可是父王却连一个使臣，都未曾遣派去抚慰他们，孩儿担心他们会心生怨恨。希望父王将边境城门迟开而早闭，防患于未然。"安国君觉得他说的话极有道理，并为他的奇谋感到惊讶。华阳夫人乘机劝安国君立子楚为太子。安国君于是召见丞相，下诏说："寡人的儿子数子楚最能干。"于是，子楚从一个质子，最终被立为太子。

赵国得知子楚被立为太子后，知道他以后是秦国的王，更不敢伤害赵姬和嬴政了。不久之后，赵国为了改善两国的关系，就派人把赵姬和嬴政送回了秦国。

更令人没想到的是，安国君继位秦王后，加冕才三天，居然就突发疾病去世了，谥号为孝文王。这一点，历史上一直有争议。有人还怀疑，安国君可能是吕不韦设法毒死的，为的是让子楚早日继承王位。当然，这些都没有确凿的证据。但是，安国君的突然暴病，确实有些蹊跷。

人生巅峰，权势达到鼎盛

子楚继位后，为秦庄襄王，尊奉华阳王后为华阳太后，尊生母夏姬为夏太后。

秦庄襄王元年（前249年），秦王任命吕不韦为丞相，封为文信侯，洛阳十万户都成了他的食邑。当时，吕不韦家中的资产不计其数，仅奴仆就有数万人。这一笔生意，吕不韦做得太赚了。当初他花去的千金资产，如今换回了成千上万倍的利润。这让吕不韦感到了无上的荣光和自豪，他的野心也变得更加膨胀起来。

秦庄襄王即位三年之后，又不幸死去了。太子政继立为王，尊奉吕不韦为相邦，称他为"仲父"。嬴政年纪还小，太后常常和吕不韦私通。嬴政就是秦始皇，据《史记·吕不韦列传》记载，吕不韦与赵姬同居时已有身孕，而她在被送给异人时隐瞒了此事，因此留下了关于嬴政是否为吕不韦之子的争议。

但是秦始皇却不这样认为。

看到吕不韦权势滔天，他便想借机杀掉相国吕不韦。因吕不韦侍奉先王有很大的功劳，还有很多宾客辩士为他说情，嬴政又不忍心处罚吕不韦。公元前237年十月，嬴政将吕不韦的相邦职务给免去了。之后，又把吕不韦赶出京城，让他回到河南的封地。

又过了一年多，各诸侯国的宾客使者络绎不绝，前来问候吕不韦。嬴政怕他发动叛乱，就写信给吕不韦说："你对秦国有何功劳？秦国封你在河南，食邑十万户。你跟本王有什么血缘关系，而号称仲父？你与家属一概迁到蜀地去居住！"吕不韦一想到自己眼下的境遇，害怕日后被杀，就喝下鸩酒自杀了。一代商业奇才，一代枭雄，最后还是死在了权力之下。这不得不让我们感叹，权势是一把双刃剑，它可以让你享受到极致的满足，也可以让你跌入无尽的深渊。

主编史料，权力背后还有传承

吕不韦是一个成功的商人，也是一个高级的阴谋家。但是，这些都不足以让吕不韦名留青史。吕不韦的伟大之处，不在于政治和商业，反而是在学术方面。

吕不韦为相后，接受门客的建议，也做起传承文化和历史的事。当时，魏国有信陵君，楚国有春申君，赵国有平原君，齐国有孟尝君，被称为"四公子"，他们都礼贤下士，结交宾客，名扬四海。吕不韦认为秦国如此强大，而自己也是堂堂秦国丞相、秦王嬴政的仲父，不应该被他们比下去，所以他也招揽文人学士，给他们优厚的待遇，门客多达三千人。那时各诸侯国有许多才辩之士，像荀卿（荀子）那样，著书立说，传扬天下。吕不韦就命他的门客，各自将所见所闻记下，综合在一起成为八览、六论、十二纪，共二十多万字。吕不韦认为其中包括了天地万物古往今来的事理，所以号称《吕氏春秋》。他还把书的内容对外公开，并在咸阳城张贴悬赏告示，遍请诸侯各国的游士宾客，若有人能增删一字，就给予一千金的奖励。但是最后，没有一个人能够做到删减。这一点很耐人寻味，估计是人们害怕他的权势，不敢对《吕氏春秋》提修改意见吧。

但是，这本书的价值却不容小觑。在先秦诸子著作中，《吕氏春秋》被列为杂家。其实，这个"杂"不是杂乱无章之意，而是指兼收并蓄，博采众家之长，用一个主导思想将其贯穿。这部书以黄老思想为中心，"兼儒墨，合名法"，提倡在君主集权下实行无为而治，顺其自然，无为而无不为。用这一思想治理国家可以使百姓得以休养生息，对于缓和社会矛盾、恢复经济发展非常有利。于是，千百年后，《吕氏春秋》的价值，逐渐为后人所认同，它也成为了解先秦诸子思想的一份重要资料。吕不韦生前肯定没有想到，自己居然为学术史做出了巨大的贡献，这或许就是"无心插柳柳成荫"吧。

第九章

农家

　　农家，诸子百家之一，又称"农家流"，是先秦时期反映农业生产和农民思想的学术流派。农家奉神农为祖师，祖述神农，主张劝耕桑，以足衣食。由于汉朝统治者独尊儒家而轻商农，因此东汉中期以后农家迅速衰落。《汉书·艺文志》将农家列为"九流"之一。

　　许行与孟子是同时代人，其事迹和主张见于《孟子·滕文公上》。他依托远古神农氏之言来宣传其主张，是战国时期农家的代表人物。《汉书·艺文志》有《神农》二十篇，当是许行的著作，可惜早已失传。关于农家的记载，见于《吕氏春秋》的《上农》《任地》《辩土》《审时》和《爱类》等篇，以及《淮南子·齐俗训》。

许行

※

中国农业学的祖师爷

　　提到农业学家，我们首先想到的便是袁隆平。他将自己的一生奉献给了人民和土地，致力于杂交水稻技术的研究、应用与推广，发明"三系法"籼型杂交水稻，成功研究出"两系法"杂交水稻，创建了超级杂交稻技术体系，成功解决了数以亿计人的吃饭问题，为世界农业学的发展做出了重大的贡献。而在古代历史上，也有一位类似于袁隆平这样的农业学家，他的名字叫许行。在农业学领域里，许行做了很有价值的探索和研究，他提出的农业理论对后世产生了不可估量的积极影响。

英雄时代，在世界风云变幻中诞生

许行这个人大约出生在公元前 372 年，这个时候正是中国的战国时期，也就是周烈王四年。这时的战国诸侯中，赵国显得非常强大。当年，赵成侯为显示本国的文治武功，搞了一次盛典。为了这次盛典，赵国在其都城邢地建了一座很高的檀台，用来接受各个诸侯国王的朝拜。为此，邢地因筑檀台而声名显赫，后来被称作邢台。同年，赵国还派兵征伐了卫国，夺取了卫国的七十三个乡邑，并将其土地和人民纳入自己的管辖范围。与此同时，古希腊出现了一颗彗星，著名的哲学家亚里士多德描绘它有长达六十度的彗尾，据西西里人狄奥多罗斯的记载，这颗彗星被认为是斯巴达人衰落的预兆。而另一个帝国马其顿的国王阿明塔斯一世则含着眼泪，将刚满十岁的腓力二世送去底比斯王国做了人质。在这样的一个时间段，许行诞生了，他出生在楚国，当时正是楚宣王执政。这是一个风云变幻的时代，与此同时出生的还有日后著名的哲学家孟子，后来他们两人的相逢，也成为一段佳话。

周游列国，在滕国收下儒门徒弟

由于许行的文章很少流传下来，又加上春秋战国时期留下的关于许行的资料并不多，我们很难确定许行师承于谁。从有限的史料研究中可以发现，许行已经自成一家，并且有自己的门徒。他最开始带着自己的徒弟几十人，依托远古神农氏"教民农耕"之言，主张"种粟而后食"，穿着粗麻短衣，在江汉地区打草织席、自力耕种为生。

公元前332年，已经四十岁的许行，名声已经在当地传扬，其学生也遍及各处。这时，为了让自己的学说能够传播得更远，让自己的才华能够得到更好的施展，他率领着自己的优秀门徒，从楚国出发，一路传道，最后到达了滕国。在滕国，许行选择暂时居住下来，并拜访了当时的执政者滕文公。滕文公对许行非常尊重，应许行的要求，划给了他一块可以耕种的土地。许行和他的徒弟，便在这片土地上种植蔬菜和粮食，收成十分好。当时名噪一时的儒学大家陈良之徒陈相及其弟陈辛，便带着农具从宋国出发，一路跋涉来到滕国，真诚地拜许行为师，也摒弃了自己以前信奉的儒学观点，成为许行所代表的农家学派的忠实信徒。

唇枪舌剑，与孟子的顶级交锋

也就是在同一年，"亚圣"孟轲周游列国，也来到了滕国。

当见到同为儒家子弟的陈相居然拜了许行为师，孟子心中很不是滋味。

在《孟子·滕文公上》中，有这样的叙述："陈良之徒陈相，与其弟辛，负耒耜而自宋之滕……陈相见许行而大悦，尽弃其学而学焉。陈相见孟子，道许行之言曰：'滕君，则诚贤君也；虽然，未闻道也。贤者与民并耕而食，饔飧而治。今也，滕有仓廪府库，则是厉民而自养也，恶得贤！'……'以粟易械器者，不为厉陶冶；陶冶亦以其械器易粟者，岂为厉农夫哉？且许子何不为陶冶，舍皆取诸其宫中而用之？何为纷纷然与百工交易？何许子之不惮烦？'……"

原文太长，翻译成现代语言的大概意思就是，孟子出于维护封建统治阶级利益的立场，对以许行为代表的农学派大加讨伐，贬斥其为"南蛮鴃舌之人，作先王之道"。许行及门徒陈相，从理论上和实践上进行了反驳。许行认为，如果国君不与民并耕，而是像滕文公那样，私自占有储藏粮食的仓廪和存放钱财的府库，那就是损害民众来供养自己，这样的国君就不配称贤。这是许行对当时统治者的尖锐批评和控诉。许行农家思想的核心是反对不劳而食。他和门徒以农事为主业，同时也从事手工业生产，还认识到市场货物交换的重要作用，比如以粟易帽、锅、炊具、铁质农具等，并且指出，如果一切自制，将

"害于耕"。在价格问题上，许行也有较深刻的见解，他主张依据产品的长短、轻重、多寡、大小等规定其相应的价格，使"市贾不贰""莫之或欺"，不赞成商人居中剥削，反对抬高物价和交换中的欺诈行为。他还否定君主拥有仓廪、府库的物权。对滕文公"厉民以自养"的君主剥削制度，也持批评态度。他的思想是小农经济"平均主义"的反映，集中显示了劳动农民自食其力的淳朴本色，表达了渴望解除现实压迫的强烈愿望，充满了对平均社会的美好憧憬，对后世产生了很大影响。

总之，许行的学术理论，反映了战国时期贫苦农民的利益和要求。"君民并耕"之说反映了当时贫苦农民的平均主义和共同劳动的思想，要求人人都成为自食其力的劳动者。"市贾不贰"的价格论，则反映了当时贫苦农民对商人利用市场高利盘剥行为的反驳，以及要求调整物价的愿望。

但是，孟子却认为这种主张只能是一种幻想，根本不可能实现，认为"劳心者治人，劳力者治于人；治于人者食人，治人者食于人"。他们两个人的观点，带有一点"平均主义"和"按劳分配"的启蒙思想，只是提出的时间太早了，当时的权贵还并没有这种深刻的认识，因此许行和孟子两人在战国时期，都未能将自己的理论应用于治国的实践。而此时的法家思想，在诸侯争霸中占据着尤为重要的地位。

凤毛麟角，影响深远

在春秋战国时期，部分思想家的著作很好地保存并流传下来，或许是因为他们受到了当权者的青睐，又或许是因为他们的徒弟将其学说进行了有效的传扬。但是像许行这样的思想家，今人却无法全面地了解他们的思想和人生。关于许行的资料存留下来的不多，只能从其他学术著作中了解一二，并且这些资料有些只是他人转述的。因为，在那个波澜壮阔的历史时期，社会问题、政治问题，都是极为要紧的关键问题，围绕着这些问题，几乎无论是哪个学派的学者，都有自己的政治思想和主张。许行、陈相等人，作为农业学家，为了表达自己的观点，也自然与儒家学派形成了鲜明的对比。于是，今人只能从"被批评"的引述中，了解许行及其门徒的思想。

综合各方史料，可以了解到，许行大概有三个主张：一、人人自食其力，不分贵贱，都应该参与劳动；二、互助互亲。百工之间需要分工，人们可以用自己的劳动成果与他人进行交易。交易不是以赚钱为目的，而是互通有无，彼此相助；三、无政府主义。许行、陈相等构想的理想社会，不需要政府的干预。如果有了政府，便有了仓廪府库，有了阶级的压迫。统治者都是"厉民而以自养"，靠盘剥他人的劳动成果来供养统治阶层，这就失去了"互助"的意义。

这些观点，有一些经过"包装改造"还成了后世农民起义的口号，对农民起义起到了一定的鼓动作用。但是，这些并不是许行的价值所在，许行的价值，在于他较早地提出了"农学"的概念。正如《汉书·艺文志》这本书，明确地将许行列为"农家"，从这一点看，许行是当之无愧的农业学祖师爷了。

第十章 兵家

兵家是中国先秦、汉初研究军事理论，从事军事活动的学派，诸子百家之一。关于兵家的起源，有人认为兵家源于九天玄女，有人认为兵家鼻祖是吕尚，有人认为兵家源自道家，也有人认为兵家源自法家，不过最让人信服的说法则是兵家始于"兵家至圣"孙武。

据《汉书·艺文志》记载，兵家又分为兵权谋家、兵形势家、兵阴阳家和兵技巧家四类。兵家的代表人物有春秋时期的孙武、司马穰苴，战国时期的孙膑、吴起、尉缭、赵奢、白起，汉初的张良、韩信等。经典著作有《孙子兵法》《孙膑兵法》《吴子》《六韬》《尉缭子》《握奇经》等。

孙

武

※

东方兵学之鼻祖

　　他的名字在后世如雷贯耳，一部只有六千字十三篇的兵学圣典参透了兵家天机，成为风行世界的兵书典范。他出生在兵家辈出的齐国，父亲是大贵族，叔叔是大司马，本可以在齐国谋个好前程，不料家族却卷入内斗。不愿同室操戈的他只好出逃吴国，用一部兵书打开了人生重启之门，此后他屡立战功，名扬四方。他便是被后世誉为"兵家至圣"的孙武。

出身名门，官宦世家

孙武，出生于公元前 545 年，字长卿，春秋末期齐国乐安人。乐安的大概范围在今天的山东省北部。孙武祖上有确切的世系，是从舜的后代虞阏父开始。周武王伐纣时，虞阏父为周国陶正之官，执掌陶器的制作，管理从事制陶的百工。由于其管理有方，器用齐备，周武王将长女大姬嫁给虞阏父之子满，把他封到今河南淮阳县一带，建立陈国，并对满赐以妫姓。妫满又被称为胡公，他是陈国的第一代君主。从胡公满开始，经过十代十二个国君的世袭传授，到桓公时，陈国发生了内乱。陈厉公之子完，因内乱不得立，而奔往齐国，他就是孙武的直系祖先。陈完在齐国积极活动，至四世孙出桓子（出无宇）已官为"上大夫"。田桓子生五子：田武子（田开）、田僖子（田乞）、陈昭子（田昭）、田书、子亶。其中田书于昭公十九年（前 523 年）因伐莒有功，齐景公封乐安，赐姓孙氏，孙书（田书）便是孙武的祖父，孙书生凭，凭生孙武。而孙凭则是孙武的父亲，做了齐国的卿，成为君主以下的最高一级官员。因此，孙武的基因，还是挺强大的。父亲是齐国的国卿，算是高官，自然家境殷实，孙武也受到了极好的教育和熏陶。

幸遇伯乐，伍子胥七次推荐

韩愈在散文《马说》中提到，"千里马常有，而伯乐不常有"，这是千古真理。商鞅如果没遇到秦孝公，可能会一事无成；范雎如果没有遇到王稽，那么他就见不到秦昭襄王，也成不了秦国的宰相；张仪要不是苏秦的资助和推荐，也遇不到自己的伯乐秦惠文王。而孙武也是一样，伍子胥就是他的"伯乐"。

公元前512年，吴王阖闾与伍子胥商议，准备向西进兵。这时，需要一个带兵的将军，伍子胥便想到了孙武。为了让孙武能够被吴王阖闾起用，伍子胥真是花费了心思，前前后后"七荐孙子"，最终吴王阖闾才同意接见孙武。

在这之前，孙武已经写完了《孙子兵法》。正是因为他的兵书，伍子胥才对他刮目相看，大为佩服。在伍子胥的推荐下，孙武带着自己写的兵书见到了吴王阖闾。孙武将《孙子兵法》的精髓分析给吴王阖闾听，吴王阖闾听后非常敬佩。

练兵小试，斩首宠妃以震军威

吴王阖闾觉得应该让孙武先演练一番，看他是真有将才，还是只是嘴上功夫。而孙武为了证明自己兵法的可行性，便请求吴王阖闾用宫女来演练。这在古代也是一件破天荒的事，但如果孙武能把宫女训练成士兵，那么还愁训练不了其他军士吗？

于是，吴王阖闾答应了孙武的要求，选出一百八十名宫女作为士兵，并把她们分成两队。两队的队长分别由吴王阖闾的两个宠姬担任。随后，孙武向两队美女士兵问道："你们都知道你们的前心、左右手和后背吗？"众人齐声答道："清楚。"于是，孙武就传令："我喊前，你们就要向前心看齐；我喊左，你们就要向左手看齐；我喊右，你们就要向右手看齐；我喊后，你们就要向后背看齐。大家都听明白了吗？"众人皆回答："明白，都明白了。"

布置完毕，孙武便令人摆好斧钺（斫刀和大斧，腰斩、砍头的刑具），表示如有违令者，军法从事，随即又三令五申地重复要求。训练正式开始，起先击鼓向右，众人本该是向右手边看齐，不料这些平时娇纵的女子，却没有一个正经的，都在那里笑得花枝乱颤，特别是两位宠姬队长，甚至都笑得快坐到地上了。

孙武见这情形，并没有责怪她们，只是说道："约束不明，申令不熟，这是为将者的过错。"于是又重复了一遍刚才的要求，这一次击鼓向左，岂料这次众人笑得更放肆了，俨然没把刚才的训话放在心上。这一次孙武便开始严肃了，他说："约束不明，申令不熟，这是为将者的过错；约束既已申明却不依令行事，这就是士兵的罪过了。"于是孙武命令将两个队长斩首。

孙武此举确实收到了震慑群芳的效果，大家看到此人连吴王阖闾最宠爱的妃子都敢杀，无不骇然。再次击鼓时，众人前后左右排列相当整齐，跪下站起也丝毫不乱，规矩得可以用绳墨来测量，而且没有一个敢出声的。此时孙武派人向吴王阖闾报告："士兵已经训练整齐，大王可以到现场检阅。只要是大王欲用的人，即使让她赴汤蹈火，也不成问题。"而此时的吴王阖闾正由于宠姬的被杀而懊恼，哪还有心情去检阅这支"军队"，只是答道："孙将军辛苦了，回去休息吧，寡人不想下去检阅了。"孙武听后连连摇头："大王只是爱好兵书的词句，而并不想在实践中使用它。"

这时，伍子胥谏道："成大事者，不应计较小的得失。宠姬易得，大将难求。有了孙武这样的大将，打败楚国，使得吴国更加强大，还愁没有美女吗？"吴王阖闾本来就是一个有雄才大略的君王，他很快就明白了孰轻孰重，也知道孙武是一个不可多得的人才，便高高兴兴检阅了宫女士兵，并拜孙武为将。

孙武见吴王阖闾这么大度，更加忠诚于他，之后专心替他训练军队。后来，在孙武和伍子胥两员良将重臣的辅助下，吴国发展迅速，国力不断强大起来，尤其军队的素质有了明显的提高。

战功赫赫，吴国因孙武雄视诸侯

孙武担任吴国将军后，吴国国力得到很大提高，成为诸侯列国中的霸主。孙武也因此建立了赫赫战功，名扬四方。

公元前508年，吴国采用孙子"伐交"的战略，策动桐国，使其叛楚。然后，又使舒鸠氏欺骗楚人说："楚若以师临吴，吴畏楚之威势，可代楚伐桐。"十月，吴军乘楚人不备击败楚师于豫章；接着又攻克巢，活捉楚国的守巢大夫公子繁。

公元前506年，吴楚大战开始，孙武在柏举之战中指挥吴国军队以三万之师，千里远袭，深入楚地，五战五捷，直捣楚都，创造了中国军事史上以少胜多的奇迹，为吴国立下了卓著战功。

公元前505年，发生了秦救楚之战，秦军击败吴军。这时，夫概在国内自立为王，于是吴军回国，平定了夫概的叛乱。

吴王阖闾去世后，由夫差继位，他立志要报仇雪恨。孙武、伍子胥等大臣继续辅佐夫差，努力积蓄钱粮，充实府库，制造武器，扩充军队，经过三年，吴的国力得到恢复。越王勾践三年（前494年），越王勾践进攻吴国。吴军由伍子胥、孙武指挥，在夜间布置了许多"诈兵"，分为两翼，点上火把，袭击越军，越军很快大败。接连吃了几次败仗后，勾践只得向吴国屈辱求和。这时，吴国的国力达到了顶峰，孙武的威名也到了顶点。

好友被杀，孙武隐匿于世外桃源

然而，人世间的事情，总是不那么圆满。正如苏东坡所写的诗词一样："人有悲欢离合，月有阴晴圆缺，此事古难全。"令孙武没有料到的是，他的"伯乐"兼好友伍子胥会被吴王阖闾的儿子夫差给杀掉。当时，伍子胥多次劝谏吴王夫差杀掉越王勾践，但是吴王夫差不听。夫差抛开了越国的事，急于入主中原，欲率大军攻齐，伍子胥再度劝谏夫差暂不攻齐而先灭越，却遭其拒绝。吴王夫差听信太宰伯嚭的谗言，认为伍子胥阴谋帮助齐国反吴，于是派人送一把宝剑给伍子胥，令其自杀。伍子胥自杀前对门客说："请将我的眼睛挖出，置于东门之上，我要看着吴国灭亡。"伍子胥死后九年，吴国为越国所灭。这一段故事中，越王勾践成了主角，"卧薪尝胆"的典故就是来源如此。清代文学家蒲松龄落第后曾撰写自勉联，一是缅怀历史，二是自勉："有志者、事竟成，破釜沉舟，百二秦关终属楚；苦心人、天不负，卧薪尝胆，三千越甲可吞吴。"

当至交好友伍子胥被杀时，孙武已经五十多岁了。他想，自己也不再会为吴国的对外战争谋划出力，遂隐居乡野，陶醉于世外桃源。当然，赋闲期间，他重新修订了自己的兵法著作。这样的日子没过多久，大概是公元前470年，孙武就因忧郁谢世。从退隐到寿终，孙武一直没有离开吴国，死后他被葬在吴都郊外。关于孙武因忧郁去世的史料载于《唐太宗李卫公问对》，文中记载："若张良、范蠡、孙武，脱然高引，不知所往。"其后，学术著作《曲品校录·能品》也称："孙子十三篇，兴吴，吴几霸矣。功成身隐，盖不欲为胥江之怒涛耳。"

一代军事天才归隐而去，忧郁而死，但是他的学术和思想却流传了下来，直到现在依旧被奉为经典。孙武在军事这门具体科学中，概括和总结出了丰富而全面的哲学道理，确立了他在春秋时期学术界中与孔子、老子并列的地位。孙武的军事理论并非不刊之论，但远远超出了同时代的兵法著作，也以其卓越的见识深远地影响了后世，受到古今中外军事家的广泛推崇。正如《唐太宗李卫公问对》所言："朕观诸兵书，无出孙武；孙武十三篇，无出虚实。夫用兵识虚实之势，则无不胜焉。吾谓不战而屈人之兵者，上也。百战百胜者，中也。深沟高垒以自守者，下也。以是较量，孙武著书，三等皆具焉。"

王翦

※

将军不好当，也须玩手段

"狡兔死，走狗烹。飞鸟尽，良弓藏。"在中国古代历史上，有太多文臣武将帮助开国君主成功打下天下后，最终都被君主所杀，身首异处，下场悲惨。但是，一代名将王翦却是一个幸运儿，在暴君秦始皇的手下，他不仅立下赫赫战功，享受荣华富贵，还能安度晚年，得以善终，的确让人惊讶。那么，王翦是如何做到这一点的呢？在其从军生涯中，又立下了什么战功？

破落贵族建奇功，牛刀小试显威风

大约在公元前304年，位于今陕西省富平县城东北方向的到贤镇出生了一个男孩，这个男孩名叫王翦。这个镇为何叫到贤镇？传说是因为齐桓公重耳逃难逃到此处，故而得名。当然，要是重耳最后没有当上君王，而是流落他乡被敌人杀死，那么这个地方也就不可能叫到贤镇了。王翦出生时，大家都觉得这个地方是因为重耳而得名，但是他们万万没想到，到王翦死后，到贤镇却是因为他而出名了。

那么，王翦到底是一个什么样的人物？在当地又是什么样的家境？据《新唐书·宰相世系表》推演，王翦为周灵王太子晋之后，是太子晋的第十五世孙。从这一点看，王翦也算是贵族之后。

王翦的父亲是谁，笔者翻阅了一些史料，均没有交代，就连司马迁著的《史记》也只字不提。不过，史料虽然没有提王翦的父亲，但是他的儿子、孙子倒是被史学家写了不少，均是有名的将军，立下不少战功。

那么，王翦的战场首秀是怎么开始的呢？当时情况大概是这样的，由于秦始皇嬴政一直被某些人认为是吕不韦与赵太后的私生子，将军樊於期就利用这一点挑拨长安君成蟜与嬴政之间的兄弟关系。在秦军攻赵时，成蟜作为其中一路主帅带兵出击，没想到在途中被樊於期唆使，选择临阵倒戈，并以吕不韦纳妾盗国为由，举兵反叛。随后，嬴政便派王翦前往平叛。初试锋芒，王翦就显示出了非凡的智谋和勇气。他经过仔细分析，认为长安君年龄尚小，尽管有以正统血统之名取嬴政而代之的想法，但毕竟还未成熟，而樊於期只是一个文盲武将，虽十分勇武，但智谋不足。因此，王翦决定将突破口定在摇摆不定的长安君身上。于是，王翦便派了一位说客混进叛军，寻机面见了长安君，并递以王翦的亲笔信。信中大意是：长安君，你也知道秦军的厉害。赵国四十五万大军都死在秦军手上，更何况你和樊於期率领的几万军队。你不要听信樊於期这种小人的蛊惑，你和秦王嬴政是骨肉至亲关系，何苦要互相残杀呢。希望你悔过自新，尽快投降，到时我会在秦王嬴政面前为你说情，保你平安无事，不然就没有后悔药可以吃了！

本来就摇摆不定的长安君被王翦这么一劝说，毫不犹豫地同意投降。至此，叛乱顷刻平息。樊於期领着军队回不了城，见成蟜已投降，自知大势已去，无奈独自逃往燕国。

可惜的是，后来长安君还是被嬴政杀掉了。但是，王翦却在此次风波中，给嬴政留下了深刻的印象，为后来立下赫赫战功打下了基础。

歼灭三晋统北方，赫赫战功闪光芒

平定长安君的叛乱，显示出了王翦卓越的军事才华，他也因此受到了秦王嬴政的重视和嘉奖。后来，秦国为统一六国，提出了灭掉三晋的计划，而战场新秀王翦自告奋勇地加入了这一计划。

首先，王翦参与的便是与赵国的战争。赵国这个国家，要不是因为赵武灵王去世，说不准还会灭掉秦国，统一天下的事可能就要换主角了。但历史最终还是选择了秦国，这或许就是天意。秦王政十一年（前236年），王翦领兵攻打赵国的阏与，只十八天便令军中不满百石的校尉回家，并从原军队的十人中选出两人留在军中，结果所留下来的都是军中精锐。王翦就用这支士气很高的精锐部队攻下了阏与，同时一并攻取了赵国的九座城邑，这次战役的胜利，让王翦凭借卓越的军事才华崭露头角。秦王政十八年（前229年），王翦从郡上发兵，攻下井陉，与杨端和部队两军呼应，准备一举攻灭赵国。结果遇上了赵国的名将李牧。这个李牧可不得了，是战国四大名将之一，曾经打败过二十万匈奴部队，在战国时期声誉名扬四海。两大战将相遇，交锋不断，但是互不能胜，双方相持一年多。王翦心想，再这样下去可不行，以正面战斗打败李牧几乎没有可能，怎么办？王翦的确聪明，除了军事才华，他还有谋臣所具备的权术才华。他学习当初范雎离间廉颇与赵王关系那样实施反间计，通过贿赂赵王宠臣郭开，让郭开向赵王进谗言，说李牧与秦军私下有来往，欲背叛赵国。赵王闻言，大吃一惊，气愤异常，被谗言冲昏了头脑的他，竟然临阵换将，坚决撤换了李牧，并以赵葱代之。这个赵葱比赵括差远了，赵括才二十多岁，遭遇的也是战国第一名将——打败天下无敌手的白起，并坚持了四十六天。另外，赵括还知道临行之前不断向赵王索要赏赐，以打消赵王对他的猜疑，同时为了稳定军心，杀了冒死进谏的八义士。而赵葱虽不用索要赏赐这一套，但下手可就更狠了，来到军事前线，首先就将李牧捕杀。李牧一死，赵国军心涣散。面对出现的大好局面，公元前228年，王翦向赵国发起总攻，秦军很快就攻占了邯郸，俘虏赵王，尽收其地。赵公子嘉逃到北面的代，自称代王，建立流亡政府，但实际上赵国已经灭亡了。

灭掉赵国后，王翦接着带兵攻打燕国，很快就灭掉了燕国。燕王和太子丹只好逃到平壤组织起流亡政府。虽然当初太子丹学习吴王阖闾，想利用刺客刺杀嬴政。但是荆轲没有专诸的运气，不仅没有伤到嬴政一根汗毛，还身首异处，空留一世英名。

公元前225年，王翦的儿子王贲率军伐魏，他引黄河之水灌城，终破大梁，魏王假投降，魏国灭亡。此计，战国四大名将之首的白起曾用过，只不过白起灌的是楚国首都郢，而王贲淹的是大梁。经过十余年努力，秦国在王翦等将领的努力下，终于灭掉了三晋，并连带灭掉燕国，从而统一了北方。

浩浩大军乾坤路，一波三折终灭楚

统一北方之后，接下来就是南方诸国，而楚国则是秦国最强劲的一个竞争对手。之前，秦国的大将白起曾用七万军队打败了实力雄厚的楚国，正当他要对其一举歼灭时，却被范雎的谗言所害，最终身首异处。这时，嬴政认为再也不能像当初的秦昭王那样错失打败楚国的机会，于是在公元前225年召集群臣，商议灭楚大计。宫廷上，王翦认为"非六十万人不可"，年轻气盛的李信则夸下海口，"不过二十万人"便可打败楚国，嬴政大喜，认为王翦老不堪用，便派李信和蒙恬率兵二十万，南下伐楚。王翦因此称病辞朝，回归故里。

李信率领秦军杀奔楚国腹地。当时，楚王负刍当政，拜项燕为将。项燕设下七道埋伏就等着瓮中捉鳖。年轻气盛的李信终究斗不过老谋深算的项燕，很快就中了埋伏，秦军大败。李信带士兵逃了三天三夜，也未能逃出楚军的包围。

　　李信这一败，让嬴政觉得"姜还是老的辣，李信终究还是太年轻了"。于是，嬴政亲自骑马赶往频阳（今陕西蒲城西），向王翦赔礼，并请他重新出山。推脱不过，王翦仍坚持要六十万人马才肯带兵。嬴政考虑一会儿之后，终于答应，并用自己的车马把王翦迎回咸阳，拜为大将。

　　王翦率六十万大军出发，一路上不断派人向嬴政索要赏赐，这一点王翦和赵括类似。当年，赵括就是带着四十五万大军，不断向赵王索要赏赐，以打消君王的怀疑。毕竟，王翦带着的可是秦国的绝大多数军队，六十万大军可是嬴政的老本。要是王翦有丝毫异心，那后果不堪设想。后来，宋太祖赵匡胤就印证了这一点，带着军队出征，随之就来了一个"黄袍加身"。要是王翦也发动兵变，再英明的嬴政也只能眼巴巴地看着却毫无办法了。王翦是聪慧之人，知道该如何打消嬴政的顾虑。

　　王翦此次所面对的楚国将军，仍然是打败李信和蒙恬的项燕，两军相遇，项燕便想与秦军决一死战。可是，王翦居然学习廉颇的做法，只坚持防御战术。项燕率军每每挑战，王翦始终不应战，随你怎么挑衅、谩骂，就是不理项燕。这点类似于三国时期诸葛亮给司马懿寄女人的衣服，司马懿可不上这个当，不仅不出兵，还穿着女人衣服试合身与否。王翦照样将此计运用得出神入化，不仅与士兵饮酒作乐，吃香的喝辣的，还常常组织将士玩丢石子的游戏。如此这般，居然持续了一年！在这一年的时间里，王翦的举动不仅把楚军将领搞蒙了，就连秦王嬴政也是丈二和尚——摸不着头脑，屡屡派人催战，但王翦依然坚持"将在外，君命有所不受"，继续坚持龟缩战术，坚决不主动攻击。

谨慎的项燕，再也不耐烦了，在阵前看了一年多，他也没能看出王翦有什么企图。于是，项燕便决定率军向东移动。这就犯了兵家之大忌，两军交战最忌撤退，即使撤退也得神不知鬼不觉，项燕没做好这一点，最终吃了亏。当他刚刚率军移动，就让等待时机的王翦心花怒放，一年了，项燕终于有所行动，这一刻会让楚军输得心服口服。于是，王翦立马率领大军趁机猛烈攻击楚军，楚军抵抗不住，被秦军打败了。秦军乘胜追击，在蕲南（今安徽宿州市）又大败楚军，项燕悲愤自杀。第二年，王翦攻破楚都寿春，俘虏了楚王负刍，楚国就此灭亡。

这一仗，王翦还真有耐心，一点也不亚于三国时期的司马懿，不仅能等，还能熬，同时还禁得住挑战和诱惑，不愧为名将。

凭借智慧走正路，功盖天下无人妒

秦国打败六国，王翦建立的不朽战功无人能及，的确令人惊叹。除此之外，更令人惊奇的是，面对赢政这样的狼虎君王，他竟然能够全身而退，并得以保全性命封侯受宠，最终荣归故里，真是奇迹中的奇迹。

那么，他是如何做到这一点的呢？首先，王翦从不得罪丞相。将相和，则国家兴。廉颇和蔺相如的故事，就给大家树立了榜样。将相不和，很容易导致互相猜忌，最终水火不容，彼此厮杀。比如白起就与范雎不和，最终被范雎进谗言杀害。而王翦可不一样，他深刻吸取了白起的教训，无论与范雎，还是与蔡泽、吕不韦相处，他都客气对待，这些宰相也都对他十分尊重。特别是范雎，王翦和他的关系非同一般。当年捉拿范雎仇人魏齐，就是王翦向秦昭襄王出的计谋。

除了宰相，王翦还懂得如何应对君王。他知道见好就收，当时王翦打败楚国后，秦王赢政准备继续派王翦灭掉燕赵的流亡政府。但是，王翦懂得将机会留给李信等大将，绝不独占军功。另外，与君王交流时，他更是明白唯王命是从的重要性，从不妄议君王是非，力争少惹麻烦。另外，王翦知足常乐，不过分计较名利地位。正因为这样，他身为四朝元老，朝廷重臣，既威信高，又人缘好，旁人几乎没有非议。

历史上的知名武将，能做到王翦这一点的并不多见。或许，正是因为兵神孙武给王翦起到了榜样作用，才有了这结局。当年，孙武知道吴王是不能与功臣共富贵的，便做出了明智之举，不辞而别。伍子胥不明白这一点，选择继续留在吴国，下场就是人头落地。王翦这个熟读兵书的名将，他以一位智者的眼光和作风，干了一些大多数武将所不能干的事，最终功成身退，的确值得其他武将学习。司马迁在《史记·白起王翦列传》中写道："王翦为秦将，夷六国，当是时，翦为宿将，始皇师之，然不能辅秦建德，固其根本，偷合取容，以至圽（mò）身。及孙王离为项羽所虏，不亦宜乎！"太史公的话自然有其道理，但要求英武一时的王翦"辅秦建德"，的确有些牵强。毕竟，辅助君王施行仁政，建立功德，那是文臣应该干的事。

伍子胥

※

军事才华无与伦比

大多数人对于伍子胥的印象，就是其率领吴国士兵攻破楚国首都郢，并愤恨鞭打楚平王的尸体三百鞭。那么，伍子胥与楚平王到底有什么深仇大恨？他又是怎么以一己之力打败强大的楚国的呢？其中又经历了哪些不为人知的故事？

富贵子弟虽有种，但请不要站错队

严格意义上说，伍子胥是一个贵族。他是楚国的望族子弟。伍子胥家族的兴旺，最应该感谢一个人，他便是伍子胥的曾祖父伍参。伍参在楚庄王执政时，就"以功封伍地，遂为伍氏"，封地是现在湖北省监利市黄歇口镇伍场。伍子胥的家族因为伍参的崛起而兴旺起来，随之家族里出了不少能人，其中包括伍子胥的祖父伍举，当时就是楚庄王的重臣。到伍子胥的父亲伍奢时，更是权倾朝野，伍奢做过大夫、太子太傅（太子的老师）这样的大官。可想而知，伍子胥从小的生活环境是相当富裕的，如果不是因为后来的一次意外变故，伍子胥也许会像谢安一样逍遥地生活。

只可惜，后来的变故太突然了。当时，由于伍奢没有站好队，虽然跟太子关系铁得像哥们，但毕竟太子当时还没有继位，只是一个"替补君王"。再加上权臣费无极从中作梗，恶意诬陷，不仅蛊惑楚平王将秦国送给太子的女人给霸占了，还让太子离开权力中心去守卫边疆。离开了权力中心后，太子办事就麻烦多了，再也掌控不了全局。于是，费无极又进谗言，居然说太子在边疆要举兵叛乱，夺楚平王的王位。楚平王眼中只有王位，没有亲情，也没有明辨是非的能力，居然就相信了。太子无奈逃跑到他国，而太子太傅伍奢则被抓到了楚国首都。为了斩草除根，楚平王下令将伍奢关起来，并引诱伍子胥兄弟二人进宫。但是，伍子胥没有像大哥那么笨、那么老实，或者说那么墨守成规，他知道是楚平王的奸计，自己去了也是送死，便屁股一拍，一溜烟逃跑了。而伍子胥的大哥，为了尽孝道，到了首都之后就和伍奢一同被楚平王砍掉了脑袋。

逃亡路上多风险，一夜白头不枉然

其实，笔者在读史书过程中，一直觉得伍子胥在逃亡时，一定很年轻，但真相却大错特错。为何呢？因为，伍子胥出生于公元前 559 年，当他亡命天涯时则是公元前 522 年，掐指一算，这时的伍子胥已经三十八岁。三十八岁的伍子胥当时并没有多少贤名，就像谢安年轻时一样过着富家子弟的奢靡生活。可惜，家里出现变故，父兄含冤被杀，他因此失去原本拥有的一切，过上亡命天涯的贫困生活。

在逃亡的过程中，伍子胥被楚国士兵追到了昭关一带。伍奢父子被杀之后，楚平王早已派人画了画像在全国通缉伍子胥，因此，伍子胥成功逃出昭关的概率很小。当时，伍子胥看着那些出关的百姓轻松自如的样子，心里就像热锅上的蚂蚁，焦急难耐，但又毫无办法。他只能在昭关城墙外，冥思苦想着逃离的计策。遥望星空，一夜无眠。第二天清晨，当伍子胥走到水边洗脸时，竟发现自己一夜之间就白了头。见这情况，伍子胥灵光一闪，感叹道："这不是天助我吗？"于是，一头白发的伍子胥再也无人认识，顺利地走出了昭关。

从楚国逃出来后，伍子胥找到了在宋国的太子建。可惜，这个太子也不争气。在逃亡过程中，伍子胥和太子建到了郑国，本来郑定公对他们还不错，但太子建利欲熏心，竟然伙同晋国，准备做晋国的内应灭掉郑国。不料，这事被郑定公知道了，便把太子建给杀了。偷鸡不成蚀把米，哪怕你是太子，如果脑袋不灵光，在风云变幻的社会，也没有你的立足之地。

无奈，失去依靠的伍子胥只得离开郑国，向吴国逃去。在边界处有一条河，这时的伍子胥孤身一人，如果不能顺利渡河，就可能被楚国派出的追兵捉住，后果不堪设想。正当伍子胥望河兴叹时，居然从河中心开来了一只小船，看来伍子胥命不该绝。于是，伍子胥便搭上这只小船到了对岸。为了表示对船夫的感谢，同时也害怕船夫将这事说出去，伍子胥便将随身携带的宝剑取下来准备相送。船夫对此很伤心，说："我听说楚平王下令，要是有人拿到你的人头，不仅可以得五万石小米，还能升官。我救你难道就是为了你这把价值百金的宝剑吗？"说完后，船夫就将船划到河中心自沉了。过河之后，伍子胥一路风餐露宿，饥肠辘辘，当他走到溧阳的濑水边时，看到了一个洗棉丝的女子。女子身边的篮子里有剩饭剩菜，当时伍子胥饿极了，便央求女子将饭菜给他吃。女子递给了伍子胥饭菜。伍子胥走后，女子答应不泄露伍子胥的行踪，便自沉江中。李白到溧阳时，还专门写了文章祭奠这位姓史的女子，后人称其"史贞女"。不知道是当时的民风注重义气，还是因为伍子胥撒谎。反正当时若只有伍子胥和女子、船夫三个人，女子和船夫自不必死；若后面追兵紧追，女子和船夫便都是大义凛然的人。

选择雄主须谨慎，一步走对万事顺

　　成功逃出楚国的追兵势力范围后，伍子胥来到了吴国。由于伍子胥身高两米零四，腰围宽大，身材魁梧，走在吴国的街上，很快就引起了人们的注意。人们为其高大的身躯而惊叹。再加上伍子胥一家的遭遇早已传到吴国，因此他的出现很快就被吴王僚发现，并请他到王宫商量政事，为吴王僚当参谋。

　　伍子胥本以为找到了明君，可以帮助自己带兵杀回楚国，为家人报仇雪恨，但是他的想法落空了。这时的吴国政权还存在一定的动荡和风险，因为吴王僚的堂弟公子光一直不服气，觉得自己才华横溢，远远超过自己的堂哥吴王僚。但是，有才华没有用，王位最终还是落到了吴王僚手中。李世民不满李建成，杨广不满杨勇也是如此。公子光时刻在寻找机会，准备夺回他认为属于自己的王位。

伍子胥给吴王僚当参谋没多久，就注意到了当下的局势，心中的一座天秤开始摇摆起来。他分析了当时的形势，觉得吴王僚优柔寡断，没有主见，不具备成为雄主的潜力。虽然占据了王位，但是跟着吴王僚混，是混不出什么名堂的。但是，公子光虽然现在还不是君王，却有雄才大略，办事果断，做事有谋略，如果得势，一定能帮助自己杀回楚国。经过权衡之后，伍子胥便决定暗中帮助公子光策划谋反。

首先，伍子胥在闹市上找到了一位英雄，这位英雄的名字叫专诸。专诸武艺高强，肌肉发达，为了帮助公子光办大事，还专门到一个岛上去学习烤鱼技术，目的就是准备在为吴王僚做烤鱼时刺杀他。

当专诸学成回来之后，公子光便邀请吴王僚到家中做客，吃他准备的烤鱼。吴王僚心里本来就一直防备着公子光，但又不好撕破脸皮，便做了几手准备。首先，他自己穿了三层铠甲，其次，在王宫到公子光的大道上都站满了武士。另外，凡是靠近吴王僚的人都必须脱衣搜身。但是，百密总有一疏，公子光准备的武器没有在身上，而是在烤鱼中。专诸端着自己弄得香喷喷的烤鱼到吴王僚房间，趁着吴王僚用筷子来夹鱼肉时，他从鱼肚子中掏出鱼肠剑猛地就朝吴王僚胸口刺去。这时，吴王僚的侍卫也反应过来，当即就把两把长剑刺进专诸的身体。专诸毕竟是专诸，虽然身中两剑，但仍然以极大的力气将削铁如泥的鱼肠剑搠进了吴王僚的胸口。

吴王僚虽然穿了铠甲，但还是被力大无穷的专诸用剑给刺死了。场面顿时乱作一团，公子光和伍子胥立即召集在地窖中藏身的壮士，和吴王僚的士兵拼杀。君王已死，吴王僚的武士觉得拼杀也没多少意义，便缴械投降了。一场政变，就这样轰轰烈烈地成功上演。

凌霜寒梅吐芬芳，君子报仇起苍黄

公子光成功操纵了一次政变，夺得了他朝思暮想的王位。伍子胥作为此次政变的谋划者和参与者，立了大功，因此受到了公子光的充分信任。公子光就是阖闾，当阖闾当上吴王后，伍子胥自然也成为重臣之一。当然，吴王阖闾肯定不会忘记当初答应伍子胥帮忙攻打楚国报仇的事，或许这原本就是一场交易。但是，楚国那么强大，楚庄王执政时还是战国霸主，拥有雄兵数十万。而吴国说白了仅仅是长江旁边的一座新兴之邦，实力不济，更别说争雄争霸了。

这时的伍子胥已经是五十岁上下的人，要文能文，要武能武，才华横溢的他首先想到要让吴国迅速强大起来。于是，伍子胥便和吴王阖闾一起推行起了"城市化运动"，并建造了一座新兴之城——阖闾城，也就是今天的苏州古城。另外还在阖闾城附近建了卫星城，类似于现在的郊区新城。除了建城搞"城市化运动"之外，伍子胥还着力训练强大的水兵和步兵，并请来了干将莫邪等能工巧匠打造神兵利器，使得吴国的军事实力顿时大增。有了基础设施、士兵和武器还不够，必须得找一个将帅执行官，就像当年刘备拜访诸葛亮一样。伍子胥千挑万选，终于找到了一个盖世军事家孙武，也就是《孙子兵法》的作者。

万事俱备，只欠东风。于是，伍子胥和吴王阖闾、孙武等人开始寻找攻打楚国的时机。终于机会来了，公元前511年开始，吴国军队先以游击战攻打楚国，声东击西，让楚国军队疲于应付。后来，又搞突击战，集中优势兵力攻打楚国防守最薄弱的部位。直到公元前506年，吴王阖闾才亲自率领三万部队直接突袭楚国首都郢，同时蔡唐联军三万也火速开进楚国配合作战。最后，吴军在柏举和楚军相遇，但是楚军共有士兵二十万，而吴军加上蔡唐友军共六万人。六万人对战二十万人，看来又要上演一次以少胜多的经典案例了。

没想到，还真是这么回事。吴军的三万凶猛部队面对楚国二十万大军一点也不退缩，反而多次发起猛攻，在伍子胥、孙武这两位天才军事将领的指挥下，通过多种军事策略，竟然将强大的楚军打得东奔西散。有人说，吴军是借助大雾天气打败楚军的。也有人说，伍子胥、孙武的对手是楚军方面傻头傻脑的将军。但不管怎样，这场战争最终以吴军大获全胜告终，就连伍子胥本人也有些不太相信："怎么胜利来得这么突然呢？"

打败楚军后，伍子胥跑到楚国的王陵，将已经死去的楚平王尸体给挖出来，并用马鞭狠狠地抽了尸体三百大鞭。

不过，《吴越春秋》的作者赵晔难道就真的去数了共计三百鞭吗？即使是当时在现场的人，也不见得真去数了是三百下。不过，从三百这个数字可以看出，伍子胥对楚平王的仇恨已经深到难以想象的程度了。

物是人非事事休，断头城门大江流

打败楚国之后，吴国过了比较平静的十年，这时的吴王阖间已经成为春秋的霸主。但是，"锋芒毕露，风必摧之"。后来，吴王阖闾雄赳赳地带着三万部队，去攻打越国这样一个小国，却不幸兵败。战斗中，吴王阖闾还被越将灵姑浮击伤脚趾。虽然只伤了脚趾，但是吴王阖闾已经年老，又是金尊玉贵之身，经不起这一番折腾，没过多久就一命呜呼，魂归九泉。

吴王阖闾死了后，他的儿子夫差哭着说："父亲啊，你死得冤啊。我发誓一定要将越国夷为平地！"

伍子胥为了报答当年阖闾为自己报仇的恩情，亲自率兵攻打越国，这时孙武都已经离开吴国了。伍子胥可不是阖闾这样的"杂牌将军"，而是名副其实的军事家。于是，当伍子胥率领军队在夫椒山与越国军队相遇时，就以十万大军彻彻底底打败了越王勾践率领的三万部队，最后将越王勾践围困在会稽山上。

正当伍子胥要一举全歼越国军队时，吴国重臣伯嚭受了勾践的贿赂，竟成功劝服吴王夫差饶了勾践，让其存国进贡。伍子胥冒死进谏也无济于事，从此闷闷不乐。打败越国后，吴王夫差又率十万大军去攻打齐国。伍子胥再次进谏让其停止攻伐，百姓需要休养生息，但是好大喜功的吴王夫差哪里还愿意听伍子胥这位老臣的话呢。当吴王夫差打败齐国回到吴国后，伯嚭又进谗言，称伍子胥将其儿子托付给仇敌齐国，多半有谋反之心。

吴王夫差听信了伯嚭的谗言，将伍子胥抓起来拷问。伍子胥坚决不承认，还大骂夫差小儿是昏君。这可气坏了吴王夫差，随即赐了一把长剑让伍子胥自尽。回到家后，伍子胥用吴王夫差赐予的宝剑割断了自己的脖子，并留下遗言，等他死后，要将他的眼睛挖出挂在城门上，他要看着吴国灭亡。

果然不出伍子胥所料，后来越王勾践经过卧薪尝胆，韬光养晦，终于率兵打败了吴国，吴王夫差羞愧自杀。而伍子胥的那双眼睛，却在城门上看着那滔滔奔涌的大江，兴亡之事是那么清楚和悲切。

第十一章

医家

　　中国医学理论的形成，是在公元前5世纪下半叶到公元3世纪中叶，共经历了七百多年。公元前5世纪下半叶，中国开始进入封建社会。从奴隶社会向封建社会过渡，到封建制度的确立，在中国历史上是一个大动荡时期。社会制度的变革，促进了经济的发展，意识形态、科学文化领域出现了新的形势，其中也包括医学的发展。医家泛指所有从医的人。

扁
鹊

※

不识时务，风险其实挺大

　　提到中国的医学，谁也不能避开不谈扁鹊这个人。他取得的医学成就和关于他的传说，在历史的竹简上一直被铭记并不朽于今。他所提出的望、闻、问、切四种诊断方法至今仍为中医临床诊断所应用。那么，扁鹊到底是一个怎样的人呢？

少年聪慧，天赐名师把医学

扁鹊这个人，姬姓，估计是王室后裔，家住渤海郡。至于他的父母，由于年代久远，又加上春秋战国的历史资料相对较少，目前并没有找到相关的信息。于是，扁鹊的出身，一直是一个谜。不过，他姓姬，大家肯定猜到了他和周王室有着千丝万缕的关系。可能是某个姬姓王室成员分封到了渤海郡，从此有了扁鹊家族这一脉。

扁鹊少年时，特别聪慧，学习能力非常强，只要他看过的东西，就能做到过目不忘。刚开始，他在一家客馆做主管，相当于在某一家星级酒店做总经理，负责迎来送往的管理工作，也算是得到了老板的赏识。一般这种情况，扁鹊应该安心做好自己分内的事即可，但他并没有因此而放弃其他的机会。冥冥之中，老天对他有了另外的安排。

在酒店里，有一个叫长桑君的客人，常常订最好的房间，点最贵的饭菜，其他伙计并没有觉得长桑君有什么特别，仅仅认为他有一些钱罢了。扁鹊却细心留意长桑君这个人，并坚定地认为他是一位当世奇人。平时，扁鹊除了将长桑君基本的服务做好外，还常常恭敬地给长桑君送些水果，表现得特别尊敬。见扁鹊如此不同，对自己又格外尊重，长桑君便对他高看几分，也认为扁鹊不是普通人。就这样，两个人从相识到相交，一晃十几年过去了，感情不断加深，最后成了过命的朋友。某一天，长桑君将扁鹊叫到自己身边，对扁鹊说："你我相识也十多年了，大家的情谊没的说。如今，我已年老，但有一个心愿未了。其实，我有秘藏的医方，想传留给你，但你千万不要泄露出去。"扁鹊说："放心，一定不会的。"于是，长桑君便把自己的独门绝技传授给了扁鹊，自此扁鹊成了一位医术高手。

小试牛刀，便成医学界绝顶高手

学成医术后，扁鹊开始给身边的百姓和朋友看病，由于他的医术的确高超，所以很快就成了当地的名医。除了看一般的病之外，扁鹊还兼任妇科医生。

后来，扁鹊取道汤阴（今河南汤阴县）之伏道社，渡黄河经长清今山东长清区），于公元前357年到了齐国的都城临淄今山东临淄区）。当时的权贵蔡桓公，专门派人招待他。接见时，扁鹊望着桓侯的面色，感觉有些不对劲。这一点就像孙悟空，从炼丹炉里逃出来后，能一眼认出妖怪一样。扁鹊的"火眼金睛"也特别厉害，他对桓侯说："君有疾在腠理，不治将深。"桓侯答道："寡人无疾。"他离开后，桓侯就对左右的人说："医之好利，欲以不疾为功。"

过了五天，扁鹊又参加宴会，见到桓侯又说："君有疾在血脉，不治恐深。"桓侯仍答道："寡人无疾。"当扁鹊离开后，桓侯很不高兴。过了几天，再看见桓侯时，扁鹊又郑重地说："君有疾在肠胃，不治将深。"桓侯很不愉快，没有理睬。又过了几天，扁鹊复见桓侯，看见桓侯的脸色，急忙转身便走。桓侯派人追问原因，扁鹊说："疾之居腠理也，汤熨之所及也；在血脉，针石之所及也；在肠胃，酒醪之所及也；其在骨髓，虽司命无奈之何。今在骨髓，臣是以无请也。"不久桓侯病发，派人去请扁鹊治疗，可是扁鹊已取道魏国，跑到秦国去了。桓侯终因无法医治而死。"讳疾忌医"的成语也由此传开。这个故事，在历史上流传深远，我们在小学课本也学过。

还有一次，扁鹊到了虢国，听说虢国太子暴亡不足半日，还没有装殓。于是他称自己能够让太子复活。中庶子认为他所说是无稽之谈，人死哪有复生的道理。扁鹊长叹说："如果不相信我的话，你们可试着诊视太子，应该能够听到他耳鸣，看见他的鼻子肿了，并且大腿及至阴部还有温热之感。"中庶子闻言赶快入宫禀报，虢国国君大惊，亲自出来迎接扁鹊。

扁鹊说："太子所得的病，就是所谓的'尸厥'。人接受天地之间的阴阳二气，阳主上主表，阴主下主里，阴阳和合，身体健康；现在太子阴阳二气失调，内外不通，上下不通，导致太子气脉纷乱，面色全无，失去知觉，形静如死，其实并没有死。"扁鹊命弟子协助，用针砭进行急救，刺太子三阳五会诸穴。不久太子果然醒了过来。扁鹊又将方剂加减，使太子坐了起来，最后又用汤剂调理阴阳，二十多天后，太子的病就痊愈了。这件事传出后，人们都说扁鹊有起死回生的绝技。

名声过甚，遭人嫉妒被人陷害

公元前317年，扁鹊和弟子向咸阳而去。因咸阳的人民，很喜欢小孩子，所以他就做了"小儿医"，也就是今天的儿科医生。扁鹊当时在咸阳济世救人，声名远播，找他看病的人排成长队，盛况空前。

扁鹊的名声太大了，引起了同行的嫉妒，特别是官方医学界的嫉妒。正所谓"木秀于林，风必摧之"。扁鹊在民间产生了巨大的影响，他看病是全科，在儿科、妇科、骨科等领域，都卓有成效。当他到邯郸时，闻知当地人尊重妇女，就做专治妇科病的医生；到洛阳时，闻知周人敬爱老人，就做专治耳聋眼花、四肢痹痛的医生；到了咸阳，闻知秦人喜爱孩子，就做专治小孩疾病的医生。他随着各地的习俗来调整自己的医治范围。这样一个全方位的人才，引起了太医的嫉妒。当嫉妒上升到了仇恨，那么可就危险了。这不，秦国的太医令李醯自知医术不如扁鹊，又怕扁鹊受到秦武王召见，从而威胁自己的地位，便暗中派人刺杀了扁鹊。历史上还有军事家庞涓、法学家李斯，他们也都是因为嫉妒比自己优秀的孙膑和韩非，从而出阴招排除异己。

　　具体的经过是这样的，当时秦武王与武士们举行举鼎比赛，不慎伤了腰部，疼痛难忍，在吃了太医李醯的药后，并不见好转，反而更加严重了。于是，宫内就有人将神医扁鹊来到秦国的事告诉了秦武王，并推荐扁鹊给秦武王看病。秦武王知道后很是欢喜，便急忙传令扁鹊入宫。扁鹊看完秦武王的神态，按了按他的脉搏，然后用力在他的腰间推拿了几下，又让秦武王自己活动几下，秦武王立刻感觉好了许多。接着扁鹊又给秦武王服了一剂汤药，其症状就完全消失了。秦武王大喜，想封扁鹊为太医令。李醯知道后，担心扁鹊日后超过他，便在秦武王面前极力阻挠，称扁鹊不过是"草莽游医"，秦武王半信半疑，但没有打消重用扁鹊的念头。

　　眼看自己的建议秦武王没有完全采纳，又害怕扁鹊终究会到太医院，李醯遂决定除掉扁鹊这个心腹之患。于是，他派了两个刺客，到了扁鹊的住所刺杀扁鹊，却被扁鹊的弟子及时发觉，使扁鹊躲过了一劫。扁鹊知道，在秦国得罪了某些人，再留在秦国十分危险，便连夜收拾行李，和弟子们一起离开住所。当他们沿着骊山北面的小路逃走时，李醯派的另一批杀手，已经扮成猎户的样子，在半路上成功劫杀了扁鹊。一代名医就这样死在了同行的刀下，这一点实在让人惋惜。在《三国演义》中，有一位名医也是得罪了权贵而死的，他就是华佗。华佗当年在曹操身边很是受宠信，也给曹操治好了许多病。但曹操的头痛问题，也是医好了又反复，华佗建议曹操在脑袋上动手术。于是，就有太医构陷华佗，称华佗给曹操的脑子开刀，名义上是治病，其实是为了杀曹操。曹操听信了谗言，便将华佗赐死了。天妒英才，或许真有一些道理。一个人在某一个领域太过优秀，很容易被人嫉妒，从而给自己带来灾祸。

影响深远，诊疗技术冠绝千古

在医学界，如果说华佗是做手术的高手，黄帝是中医药的高手，那么扁鹊则是预防与诊治相结合的天才。扁鹊在治病时，就已经应用了相对全面的诊断技术，即后人总结的"四诊法"：望、闻、问、切。当时扁鹊称它们为望色、听声、写影和切脉。他精于望色，能够通过望色判断病症及其病程演变。他还精于

一

内、外、妇、儿、五官等科，熟练应用砭刺、针灸、按摩、汤液、热熨等方法治疗疾病，被尊为"医祖"。

当时，中医的脉诊是三部九候诊法，即在诊病时，须按切全身包括头颈部、上肢、下肢及躯体的脉。扁鹊在此基础上将其改进，他是我国历史上最早应用脉诊来判断疾病的医生，并且提出了相应的脉诊理论，在切脉诊断法上的成就非常突出。司马迁在《史记·扁鹊仓公列传》中就称赞他道："女无美恶，居宫见妒；士无贤不肖，入朝见疑。故扁鹊以其伎见殃，仓公乃匿亦自隐而当刑。缇萦通尺牍，父得以后宁。故老子曰'美好者不祥之器'，岂谓扁鹊等邪……扁鹊言医，为方者宗。守数精明，后世修（循）序，弗能易也。"

是的，在学术上，扁鹊是痴迷的，也是狂热的。他用一生的时间，认真总结前人经验，结合自己的医疗实践，在诊断、病理、疗法上对医学发展做出了卓越的贡献。扁鹊的医学经验，在我国医学史上具有承前启后的重要地位，对我国医学发展有较大影响。因此，医学界历来把扁鹊尊为我国古代医学的祖师，说他是"中国的医圣""古代医学的奠基者"。范文澜在《中国通史简编》中称他是"总结经验的第一人"；日本的著名医师滕惟寅则称赞他："扁鹊，上古之神医也。"